Réstia
DE LUZ

SERVIÇO EDITORIAL

EDIÇÃO: VINHA DE LUZ - Serviço Editorial
Departamento Editorial da Casa de Chico Xavier de Pedro Leopoldo
Av. Álvares Cabral, 1777 | 20º andar | Sala 2006
Santo Agostinho | 30170-001 | Belo Horizonte | MG
(31) 2531-3200 | 2531-3300 | 3517-1573
www.vinhadeluz.com.br | informacoes@vinhadeluz.com.br
www.casadechicoxavier.com.br | informacoes@casadechicoxavier.com.br

COORDENAÇÃO EDITORIAL
Célia Maria de Oliveira Soares | Geraldo Lemos Neto

CAPA
Célia Maria de Oliveira Soares

IMAGEM DA CAPA
© Pop Nukoonrat | Dreamstime.com | https://pt.dreamstime.com

PROJETO GRÁFICO | DIAGRAMAÇÃO | REVISÃO TÉCNICA
Célia Maria de Oliveira Soares

REVISÃO DOUTRINÁRIA
Antônio Roberto Fontana
Arnaldo Rocha
Mário Wenceslau Proença Silva

1ª edição – junho 2013 | 2.000 exemplares
2ª edição – julho 2018 | 2.000 exemplares

Dados Internacionais de Catalogação na Publicação (CIP)
(Câmara Brasileira do Livro, SP, Brasil)

Réstia de luz / Espíritos Diversos ; (psicografia de)
Geraldo Lemos Neto . -- 2 . ed. -- Belo Horizonte :
Vinha de Luz , 2018 .

ISBN 978-85-63716-39-2

1 . Doutrina espírita - 2 . Espiritismo 3 . Evangelho
4 . Mensagens 5. Psicografia I. Espíritos Diversos
II . Lemos Neto , Geraldo .

18-17991   CDD - 133.93

Índices para catálogo sistemático :

1. Mensagens psicografadas : Espiritismo   133.93

Maria Alice Ferreira - Bibliotecária - CRB-8/7964

Réstia

DE LUZ

GERALDO LEMOS NETO

ESPÍRITOS DIVERSOS

VINHA
DE LUZ
SERVIÇO EDITORIAL

Belo Horizonte
2018

Homenagem

Bicentenário de ALLAN KARDEC
3 de outubro de 1804
3 de outubro de 2004

154 anos da primeira edição de
O EVANGELHO SEGUNDO O ESPIRITISMO
Abril de 1864
Abril de 2004
Abril de 2018

Agradecimento

A Francisco Cândido Xavier nosso
preito de eterno amor e gratidão!

Sumário

Apresentação

$\mathscr{A}$migo,

Apresentamos com alegria a Vinha de Luz Editora, que ora inauguramos vinculada às atividades da Fraternidade Espírita-Cristã Francisco de Assis (Fecfas), entidade sediada em Belo Horizonte, já com 22 anos de serviços evangélico-doutrinários.

Dentre nossos principais compromissos, destacamos a divulgação do livro espírita, orientação clara e precisa recebida do querido médium e amigo Francisco Cândido Xavier, numa das inúmeras visitas que fizemos a ele. Como sempre guardamos no coração suas orientações repletas de sabedoria, o lema da Fecfas prossegue sendo "*Jesus, Kardec e Emmanuel*".

Assim é que a Fecfas mantém em suas dependências a Biblioteca Espírita Amelie Boudet, a Livraria Espírita Emmanuel e o Memorial Espírita Chico Xavier. E agora, com alegria, vê nascer em seu seio a Vinha de Luz Editora, consolidando ainda mais a indicativa do amigo Chico Xavier: *"Semear o livro espírita é bênção de esclarecimento e consolo aos corações"*.

Sendo assim, entregamos ao caro leitor, em colheita de amor, esta primeira publicação da Vinha de Luz Editora, o livro *Réstia de luz*, recebido de espíritos diversos pelas mãos amigas do médium Geraldo Lemos Neto. O livro traz mensagens que interpretam as lições de *O Evangelho segundo o Espiritismo*, de Allan Kardec, nos indicando os caminhos mais certos da vida no permanente convite de nosso Mestre e Senhor Jesus: *"Grande é, em verdade, a seara, mas os obreiros são poucos; rogai, pois, ao Senhor da Seara, que envie obreiros para a sua seara"* (Lucas, 10:2).

Certamente, veremos o trabalho da Vinha de Luz apresentar cepas repletas de bons frutos de amor e verdade, ensinamentos saborosos de nossa sempre bela Doutrina Espírita.

IVANIR SEVERINO DA SILVA
Presidente da Fraternidade Espírita-Cristã
Francisco de Assis
1982 | 2004 [1]

---

[1] Há 14 anos da data desta segunda edição.

Introdução

O Centro Espírita Luz, Amor e Caridade foi fundado em 1912. Desde então, até o presente, tem tido como principal mister o estudo e a divulgação da Doutrina Espírita.

Em sua longa existência, sempre pontificaram em seus quadros verdadeiros mestres da consoladora doutrina cristã explicitada por Kardec, tanto do plano dos encarnados quanto do plano espiritual. E a maioria daqueles irmãos que pontificou quando encarnados, ao voltar para Espiritualidade, continuou a trabalhar nesta casa de "Luz, Amor e Caridade", através da mediunidade.

Assim, participaram dos trabalhos desta casa, enquanto encarnados, os irmãos Cícero Pereira, Domingos Moutinho Teixeira, Oscar Coelho dos Santos, Antônio Loreto Flores, Bady Elias Curi, Maria Cruz Miranda, José Joaquim Borges, Mizael Alves Mendes, Elias José Sayão, Carmela Caruso Aluotto e Maria Philomena Aluotto Berutto, a D.Neném, entre outros.

Através da abençoada mediunidade psicográfica do saudoso Francisco Cândido Xavier, na ata de posse da diretoria, datada de 17 de agosto de 1939, o poeta João de Deus fez consignar este belo soneto:

Luz, Amor e Caridade

Que a luz floresça em obras de bonança
Neste templo de vida superior.
Trazendo a paz que acalma toda a dor
Nestes raios divinos da esperança!

Que em tudo aqui resplenda o grande amor
Em cujos bens o espírito descansa
Na luminosa bem-aventurança
Que conduz às vitórias do Senhor!

Luz e Amor ensinando que, em verdade,
Fora da compreensão da Caridade,
Não existe nem paz nem salvação!

Senhor, que essa bendita trilogia
Seja entre nós o laço de harmonia
Que esclareça e console o coração.

Pois, muito bem, ainda hoje os nossos irmãos da Espiritualidade, muitos deles, que quando encarnados trabalharam neste Centro, continuam, através da edificante mediunidade psicográfica do nosso dedicado irmão Geraldo Lemos Neto, a enviar-nos as mais belas e profundas mensagens. E esse comportamento de caridade dos nossos irmãos espirituais nos dá o ensejo de trazer a lume, num ato de agradecimento e de amor, esta *Réstia de luz*.

BADY RAIMUNDO CURI
Presidente do Centro Espírita Luz, Amor e Caridade

Prefácio
ESPIRITUAL

RÉSTIA DE LUZ

A necessidade de iluminação é uma demanda natural da vida. Onde quer que seja, a presença da luz, ainda que pálida ou indireta, sempre é motivo de alegria e consolo.

O lume da lua resplandece a saudade do sol na Terra, imersa na noite à espera de um novo amanhecer.

O farol solitário, luminescente, guia as embarcações na direção de um porto seguro.

A tocha rústica, acesa de improviso na densidade da mata, ilumina e conforta o viajante, tornando seu acampamento seguro.

A simples lâmpada de uma rua faz brilhar o vivo contentamento do progresso, amparando os passantes no caminho que têm a seguir.

A vela, mesmo singela, irradia claridade, afastando a escuridão do aposento humilde imerso nas sombras do crepúsculo.

Sabemos, no entanto, que a lua nada refletiria sem o fulgor do sol; que sem a força da energia o farol e a lâmpada se converteriam em objetos inúteis; que a tocha e a vela sem o calor do fogo seriam meros implementos apagados.

Eis, amigo, a razão deste livro que lhe ofertamos: uma *réstia de luz* que possa elucidá-lo e esclarecê-lo, através dos apontamentos de diversos amigos espirituais, cuidadosamente selecionados pela dedicação de nossa irmã Neném Aluotto, já perfeitamente integrada às tarefas espíritas após a transposição dos dois planos da vida.[1]

As colaborações da Espiritualidade nos foram dadas em nossas reuniões públicas das segundas-feiras no Centro Espírita Luz, Amor e Caridade, em Belo Horizonte, sempre em torno dos estudos sistemáticos de itens e temas de *O Evangelho Segundo o Espiritismo*, de Allan Kardec, que completa 140 anos de consoladores esclarecimentos.

Todos nós, os colaboradores desencarnados desta obra, aqui estamos na posição do farol ou da

---

[1] Nota do autor espiritual: nossa irmã Maria Philomena Aluotto Berutto, ex-presidente da União Espírita Mineira (UEM), desencarnou em 17 de fevereiro de 2003.

lâmpada, da tocha ou da vela humildes, conscientes de que a única e inesgotável fonte de luz imortal vem de Nosso Senhor Jesus Cristo, refletindo para todos nós o resplendor da presença de Deus.

Se este modesto feixe de luz que lhes entregamos puder iluminar um só coração, permanecendo com ele na travessia do mundo, teremos atingido nosso intento, com a graça de Deus.

ZECA | JOSÉ FLAVIANO MACHADO
Mensagem psicografada por Geraldo Lemos Neto,
em reunião pública de 23 de agosto de 2004,
no Centro Espírita Luz, Amor e Caridade,
em Belo Horizonte, MG.

O Evangelho segundo o Espiritismo
Allan Kardec

Itens
DE ESTUDO

Novo Testamento

Itens
DE ESTUDO

Mensagens

Cegos

Estudo da noite:
E.S.E., Cap. VIII – Itens 20 e 21
"Bem-aventurados os que têm fechados os olhos."
Mateus, 6:20

𝒞egos – os encontramos de todos os matizes. Cegos da alma! Cegos do espírito! É preciso analisar se nós mesmos não nos encontramos em lastimável cegueira moral.

Deus, em Sua misericórdia infinita, nos doa a possibilidade de viver, aprender e progredir sempre. Inúmeras possibilidades, quais talentos preciosos, são colocadas em nosso caminho de ascensão espiritual. O que fazemos, entretanto, com os recursos da Providência Divina?

Por acaso não temos persistentemente recusado as mínimas oportunidades, espantados e assustadiços? Acaso não temos optado pela lamentação sistemática e pela desculpa injustificável da inércia? Cegos, sim. Temos agido como cegos da alma, menosprezando a vida e entorpecendo o coração nas telas escuras da ilusão.

Vejamos.

A Bondade Infinita nos facilita os recursos sublimes do sexo como foco sutilíssimo e gerador de energias criadoras a serviço do engrandecimento da própria evolução. Que temos feito, contudo, com esses recursos profundos da alma, senão brutalizado, ao longo dos séculos, os impulsos renovadores, encarcerando-nos, inconsequentes, nas sensações mais grosseiras?

A Misericórdia Divina coloca em nosso caminho os recursos respeitáveis da inteligência laboriosamente conquistada em esforços múltiplos nas áreas da ciência, da cultura e da filosofia. Que temos feito, no entanto, com essa possibilidade grandiosa de estendermos a mão pelos imperativos da solidariedade aos que se encontram na ignorância, senão desprezado constantemente a ocasião de servir ao progresso geral, aprisionando-nos nas malhas tenebrosas da vaidade improdutiva e do orgulho acumulado na sombra?

A Elevada Presença oferece à nossa jornada os veneráveis recursos de ordem material como a nos mostrar os imperativos da caridade na assistência aos que passam a provação da fome e da miséria. Que temos feito com tão raros recursos senão os imobilizado nas tristes sendas da busca incessante de posses e mais posses, desconsiderando os irmãos da estrada como se o sofrimento dos que passam a privação material não existisse em torno de nossos passos, desprezando uma vez mais a clara oportunidade de espalhar progresso, trabalho e luz?

A Beleza Imortal entrega ao nosso ser os dons inefáveis da arte, sensibilizando nossos espíritos com as vibrações sutilíssimas do amor universal, nos convidando à comunhão social em fraternidade pura. Que temos feito com esses recursos imponderáveis da alma senão negociado imagens, sons e cores, escritos e textos de duvidoso gosto, vendendo àqueles que nos recolhem as criações o escândalo, a ilusão e o crime?

O Amor Ilimitado nos tem dado, vida por vida, os sublimes recursos da família terrestre como luminoso agrupamento de redenção, a fim de que, com a superação de todas as dificuldades com os que nos comungam a experiência cotidiana, aprendamos, enfim, as mais puras lições do amor e do perdão. Que temos feito, todavia, com nossos familiares senão, muitas vezes, transformado o lar que nos deveria ser o pouso da bênção em recanto de discórdia e disputas inúteis?

Também a Sabedoria Celeste nos fornece os recursos superiores das revelações religiosas como a nos demonstrar que o caminho da redenção deve ser trilhado com o freio das responsabilidades mais altas da vida, descortinando nossa fé como por um facho de luz, iluminando a verdade mais adiante. Que temos feito, caros irmãos, com as escolas religiosas ao longo dos séculos, senão congelado o coração em dogmatismos teológicos e afirmativas falsas de amor?

Igualmente, a Vontade Soberana traz à nossa senda o recurso do poder e da administração nos convidando à criteriosa condução dos irmãos de jornada, na direção de mais paz. Não obstante, que temos feito com essas faculdades senão perdê--las em firulas políticas, fomentando a guerra e espalhando a morte?

O Compassivo Trabalhador também tem posto em nosso caminho os recursos mais altos da subalternidade como a nos convidar à colaboração simples e pura na construção de uma sociedade mais feliz e respeitada. Que temos feito, entretanto, senão nos desviar em lamentações e reclames sem fim, fugindo, deliberadamente, da conquista da humildade?

Ah, amigos! Cegos temos sido durante séculos, e cegos ainda estamos diante da vida!

Não é sem outra razão que registrando as palavras gloriosas de nosso Mestre e Senhor Jesus encontramos o evangelista Mateus, em seu capítulo 6, versículo 20 e seguintes, clamando ao nosso espírito impenitente: *"Mas ajuntai outros tesouros nos Céus, onde nem a traça e a ferrugem corroem, e nem os ladrões escavam e roubam. Porque onde depositares o teu tesouro aí terás o teu coração."*

Prezados amigos, que o inesquecível apelo do Cristo em nosso favor altere, enfim, as nossas disposições interiores!

Que nos estertores de nossa atual civilização possamos nos dispor a ouvir Jesus dentro do nosso próprio peito!

Abramos a grade que ainda envolve nossos corações empedernidos e sigamos, enfim, ao encontro daquele que é a Luz do Princípio.

Descerremos os olhos obscurecidos de nossas almas, pois amando e servindo sem cessar estaremos, sem dúvida alguma, instalando em nós mesmos a luz do amor imortal.

EFIGÊNIO SALLES VÍTOR
Mensgem psicografada em 25/02/1991

Divino CONVITE

Estudo da noite:
E.S.E., Cap. IX – Itens 1 a 5
"Injúrias e violências"
Mateus, 22:14

"*Muitos* são os chamados, mas poucos os escolhidos". Quando a humanidade terrestre sofria, buscando a paz verdadeira para os seus caminhos incertos, a Bondade Divina apiedou-se de suas dores e de sua solidão. Os espíritos clamavam por mais luz, cansados e exaustos da dureza de sua jornada vacilante. Nesse momento, foram celebradas as bodas do Filho do Homem e a humanidade recebeu, em pessoa, a amorosa presença de Deus no seio da Terra.

O divino Mestre, instrutor maior dos nossos roteiros, desceu ao mundo e viveu entre nós. Uma nova fase descortinou ao espírito humano os horizontes de uma paz constante e duradoura. O sublime Semeador esteve entre nós e por mais rudes que fossem todos os nossos corações sentimos sua aproximação amorosa. Ele esteve entre nós, falando mansamente ao mais íntimo de nosso ser.

Não houve recanto terrestre que não registrasse seu carinho. Não houve coração, sob a face do mundo, e além dele, que não se emocionasse com a sua chegada.

Uma nova onda de paz nos envolveu.

Passados quase vinte séculos do sublime encontro, cada um de nós, em nossas lutas redentoras, ainda e sempre recebe o seu convite compassivo. De maneira irrevogável, desde então lhe enviamos nossas exortações vigorosas e claras.

Eis que ouvimos sua palavra retumbante de bênção nos arquivos imponderáveis da consciência. Em nossa inexperiência, ele nos chama:

— *"Jovens, eu vos mando, levantai-vos!"*

Em nossa cegueira, ele nos apela:

— *"Vinde e vede!"*

Ante a nossa inércia, ele nos clama:

— *"Vinde e segui-me!"*

Em nossas ânsias e dúvidas, ele nos diz:

— *"Buscai e achareis!"*

Diante de nossa necessidade de amor, ele nos abre seu coração magnânimo, dizendo-nos:

— *"Batei e abrir-se-vos-á!"*

Nas malhas das tentações, ele nos alerta:

— *"Vigiai e orai!"*

Em nossas recaídas no erro, ele nos exorta:

— *"Ide e não pequeis mais!"*

Perante a perturbação reinante na Terra, ele nos fala:

— *"Acautelai-vos, que ninguém vos engane!"*

Nos momentos de mais profunda transição, ele nos aparece:

— *"Levantai-vos e firmai-vos sobre os vossos próprios pés!"*

Diante das chances que nos felicitam a vida, ele nos sustenta:

— *"Andai enquanto tendes luz!"*

Em torno das provações de nossa jornada, ele nos clama:

— *"Tomai vossa cruz e segui-me!"*

Nas trilhas ingratas da calúnia e da adversidade, ele nos esclarece:

– *"Perdoai e sereis perdoado!"*

Na renovação de nossos caminhos, é ele, mais uma vez, quem nos diz:

– *"Pedi e recebereis!"*

Na escola da fraternidade, caminho à frente, ele nos ilumina:

– *"Dai e vos será dado!"*

Em frente à verdade, ele nos chama:

– *"Ide e pregai!"*

E resumindo o seu divino convite numa única, grandiosa e inexprimível máxima de bem-viver é ele, como sempre, que vem nos dizer:

– *"Amai-vos uns aos outros como eu vos amei!"*

Desde então, há quase vinte séculos, temos ouvido Nosso Senhor nos falando ao coração, vida por vida.

Mas não obstante o seu chamado constante, temos todos vagueado sem rumo, sem atender ao seu convite compassivo.

Em vão, temos buscado sua presença, mas não atendemos ao seu divino pedido.

Se é verdade que buscamos a paz para as nossas vidas, é preciso que busquemos, então, responder ao convite do Cristo.

Se é verdade que ele não continua fisicamente entre nós, lembremo-nos de que ele mesmo nos pediu que retribuíssemos o seu amor inefável, convidando para o banquete de nossas bodas de redenção espiritual os pobres, os cegos, os coxos, os estropiados e os sofredores de toda ordem.

Como que reiterando a sua presença querida entre nós, através do próximo, é ele quem ainda bate à porta de nossa alma:

– "Quando o fizerdes a um destes meus pequeninos, é a mim que o fazeis!"

Eis que o roteiro da paz imortal nos convoca
ao serviço de Jesus.

Se já temos conosco o divino convite, se já
dispomos, no fundo de nossa consciência, desse
roteiro de libertação espiritual, sigamos, enfim, ao
encontro da luz! E essa mesma luz radiosa há de
nos iluminar por dentro, nos convertendo, final-
mente, nos mansos e pacíficos para sempre bem-
-aventurados. E o seio da Terra, qual mãe generosa, receber-nos-á, novamente, para mais uma
etapa da evolução.

JOSÉ SILVÉRIO HORTA
Mensagem psicografada em 04/03/1991

Sepulcros

Estudo da noite:
E.S.E., Cap. IX – Item 6
"A afabilidade e a doçura"
Mateus, 23:27

"*Ai* de vós, os hipócritas!" – diz Cristo.
"Fariseus e escribas famulentos,
Os mentirosos e os pestilentos!"
Eis para nós o alerta em tom estrito.

"Sois os sepulcros caiados por fora,
No verniz da aparência revestidos,
Corações tristes e empedernidos,
Em si carregando o peso da hora."

Eis o apelo imenso e profundo
Que nos chama à coerência sem demora
Numa nova, resplandecente aurora,
Claridades de belo e novo mundo.

É Jesus quem vem e nos ensina
Que a mensagem excelsa, boa e nova
É a única que nos renova
Sob as inspirações de Mais Acima.

Afastemos o cálice: imundícies
Modificando em nós o claro erro
Nos caminhos da Terra de desterro
Cheia de vãs loucuras e estultícies.

Sigamos o trajeto: vida pura
Nos domínios da eterna luz da verdade,
Nas lições da paciência, da bondade,
E encontraremos, sim, toda a doçura!

RAUL HANRIOT
Mensagem psicografada em 11/03/1991

O divino
EXEMPLO

Estudo da noite:
E.S.E., Cap. X – Itens 5 e 6
"Reconciliação com os adversários"

Sombras espessas pairaram na consciência coletiva de Jerusalém há quase vinte séculos.

O divino Amigo, após ter sido recebido em gloriosa festa de corações, esteve acossado e sozinho. Preso pela perseguição sistemática das consciências enegrecidas, entregou-se sem resistência alguma. Privado da liberdade de ir e vir, viu-se esquecido repentinamente por aqueles que dele receberam o bálsamo do consolo e o lume do esclarecimento.

Seguiu, destemido, a enfrentar a sanha destruidora de seus algozes encarniçados no ódio.

Enfrentou a frieza dos da casa de Anás. Esteve tranquilo perante o despeito do Sinédrio.

Postou-se sereno na Torre Antônia diante da autoridade omissa.

Manteve a própria firmeza ante o escárnio de Herodes no Palácio dos Asmoneus.

Novamente trazido à presença de Pilatos, conservou sua própria integridade com o recurso do silêncio.

Sabia, o Mestre amado, que a palavra da verdade não encontraria eco nos espíritos já predispostos ao assédio das trevas.

Guardou, contudo, sua serenidade inolvidável, enfrentando a todos com a barreira silenciosa da prece.

Aviltado, humilhado, escarnecido, machucado e maltratado, ele, o Mestre sublime, tudo sofreu com resignação absoluta, confiante no amparo maior do Pai.

Entre pedradas e açoites, trilhou o caminho do Calvário de alma dorida, porém repleta de amor pelos seus detratores.

A multidão infiel, a mesma que enaltecera sua presença na Jerusalém adornada para a Páscoa, estava ali, cuspindo-lhe, pusilanimemente.

Chegando ao Gólgota, entregou-se, o Mestre, à ação inconsequente e ingrata daqueles que lhe pregariam o corpo inerte na cruz da ignomínia.

Entre a turba irrefletida, encontravam-se muitos daqueles espíritos capazes de entender-lhe mais profundamente a palavra, por conhecerem as disposições da Lei. No entanto, friamente, expuseram-se ao sarcasmo injustificável, dizendo-lhe: *"Se és o Cristo salvador, desce da cruz e salva a ti mesmo!"*

O divino Amigo não deixou passar a oportunidade da lição e, de alma oprimida, recebendo injúria e agressividade gratuitas por todos os lados, ainda recobrou forças para exclamar, com o coração amoroso e compassivo: *"Pai, perdoa-os, porque não sabem o que fazem!"*

Sim, prezados amigos, a mensagem sublime do Evangelho não poderá nunca ser bem compreendida sem as lições maiores do perdão.

Ele, o Mestre da Redenção Humana, nos deu tal exemplo em todos os lances de sua passagem entre nós.

O que se espera, pois, daqueles que aspiram a seguir o caminho de verdade e vida? Perdoar sempre e esquecer!

O perdão é o cântico das almas libertas dos grilhões do desequilíbrio, a difundir os profundos recursos do amor.

Aquele que sabe perdoar, superando todos os obstáculos da vida terrestre, está construindo em si mesmo a casa íntima da fé sobre a segurança de rochas inamovíveis.

Conscientes disso e interessados em nosso próprio progresso espiritual, libertemos-nos então de condenar a quem quer que nos fira o caminho de lutas.

Abstenhamo-nos do revide, do ódio, da revolta e da cólera, porque a intemperança mental que espalharmos retardará a marcha evolutiva, retendo-nos o coração no espinheiral da ilusão.

Todos nós, na face da Terra e nas paragens de vida do Universo, somos irmãos, filhos do mesmo Pai amoroso.

Libertemos nossas vidas das cadeias de vingança e perdoemos sempre. Somente assim poderemos seguir as pegadas de Nosso Senhor Jesus e o perdão, pouco a pouco, se tornará uma constante luminosa em nossa estrada, qual farol generoso, iluminando-nos a trilha a seguir em direção de Mais Além.

ZECA | JOSÉ FLAVIANO MACHADO
Mensagem psicografada em 22/04/1991

A legítima AUTORIDADE

Estudo da noite:
E.S.E., Cap. X – Itens 11 a 13
"Não julgueis para não serdes julgados."
Atire a primeira pedra aquele que estiver
sem pecado"
Mateus, 7:28-29

$\mathcal{Q}$ueridos irmãos de ideal, amados amigos, o Senhor nos ampare e guie!

Recordemos um pouco...

A paisagem em torno se modifica... Estamos nos lembrando de outra época, em outras terras...

Vemos o quadro singelo e amável da Galileia distante. O lago de Genesaré reflete translucidamente os últimos raios solares do cair de uma tarde memorável! O horizonte se emoldura de vibrante tonalidade avermelhada numa atmosfera de ouro vivo!... Nuvens imensas embranquecem de paz o quadro inédito!...

Estamos nas proximidades de Cafarnaum. Uma leve brisa sopra de um conhecido monte, perfumando o ambiente. Uma multidão aglomera-se, aflita. Jesus de Nazaré, o mestre divino, está no meio do povo. Prepara-se para falar ao coração atribulado das massas. Essa tarde augusta será lembrada para sempre na alma das multidões sofredoras. Ouve-se a palavra luminosa de Jesus, socorrendo as necessidades da turba expectante. Para sempre, desde então, grava-se o seu Sermão do Monte com a definição das bem-aventuranças celestiais.

A quem se dirige o sublime Enviado?

Vemos anciãos exaustos e pobres mães miseráveis carregando, heroicamente, junto ao coração, os amados rebentos de seu seio angustiado.

Doentes exibem, entre a dor e a esperança, feridas e luxações, sangramentos e lágrimas...

Vemos pescadores humildes e uma horda de seres desnudos e tristes...

Na multidão esperançosa, contudo, não observamos ninguém a exibir as conquistas passageiras do poder e da riqueza, da fama e da beleza.

Apenas a multidão dos simples bebe o suave encantamento das palavras do Mestre, reconfortando-se nos recessos mais íntimos da alma.

– *"Bem-aventurados os humildes de espírito..."*

– *"Bem-aventurados os que choram..."*

– *"Bem-aventurados os que têm fome e sede de justiça..."*

– *"Bem-aventurados os que são perseguidos por causa da justiça..."*

– *"Bem-aventurados os que sofrem perseguição por causa de minha palavra..."*

Ecoam-nos ainda nos ouvidos do espírito essas sublimes exortações!

Os aflitos de todas as eras encontram o lenitivo, a consolação e o alívio necessários! A palavra dos Céus prossegue esclarecendo o coração do povo e no discurso inolvidável de orientação celeste nossa alma reverbera o tema do perdão como móvel central das observações do Mestre amado.

– *"Não julgueis para não serdes julgados..."*

– *"Com a mesma medida com que medirdes sereis medidos..."*

Ele, o Mestre, sabe o que diz. Conhece o íntimo daqueles deserdados do mundo. Anota suas aflições e dores, seus desencantos e sofrimentos.

Todos os deserdados do mundo, sofredores de toda ordem, desiludidos das facilidades mundanas anseiam pela paz soberana do coração. Buscam a alegria do espírito. Esperam pelo amanhã de bênçãos celestes!

Todos, sem dúvida, trazem a sua história de lutas. Perseguidos, largados, desprezados, apartados do convívio dos mais amados, relegados à solidão... Todos procuram o perdão como o excelso recurso medicamentoso que lhes possa sarar as chagas mais profundas do coração! E com que alegria recebem de Jesus a palavra do Monte!

Aquela multidão anônima de Corazim, de Betsaida, de Dalmanuta e de Magdala, dos arredores de Cafarnaum estende-se, tempo afora, recebendo do Cristo o bálsamo de sua luz!

Essa multidão anônima é alimentada e saciada em sua fome e em sua sede de justiça e amor. É que a palavra que lhe chega ao coração sofrido está revestida de uma legítima autoridade: a autoridade daquele que é a exemplificação do bem em pessoa!

Recordemos a narrativa do evangelista Mateus, ao final de seu capítulo 7: *"Terminadas essas palavras, as multidões se maravilharam de sua doutrina, porque lhes ensinava com autoridade"*.

Queridos amigos de ideal, pensemos nisso, e em toda e qualquer ocasião em que a atitude leviana nos convidar à irreflexão, em todo e qualquer momento em que formos defrontados com a explosão do ódio e da condenação, estejamos com a barreira silenciosa da prece a nos defender no mais íntimo de nossas vidas, nos ensinando a perdoar. Aos poucos estaremos adquirindo uma autoridade diferente na vida: a autoridade legítima do amor.

ADÉLIA MACHADO
Mensagem psicografada em 13/05/1991

Apontamentos
DO AMOR

Estudo da noite:
E.S.E., Cap. IX – Itens 1 a 4
"O mandamento maior. Fazermos aos outros
o que queiramos que os outros nos façam.
Parábola dos credores e dos devedores"
João, 13:35

O amor espera.
A pressa desespera.
O amor planeja com segurança.
A indisciplina improvisa.
O amor constrói.
O ódio destrói.
O amor eleva.
O egoísmo rebaixa.
O amor é paciente.
A ilusão é transitória.
O amor sublima.
A ignorância atrasa.
O amor une.
A presunção separa.
O amor engrandece.
O vício entorpece.
O amor é sereno.
A cólera é destruidora.
O amor perdoa.
O exclusivismo exige.
O amor é indulgente.
A má-fé é maledicente.

O amor embeleza.

O desamor enfeia.

O amor liberta.

O erro aprisiona.

O amor confraterniza.

O orgulho isola.

O amor aprende.

A insegurança imobiliza.

O amor age sempre no bem.

O rancor é o caminho do mal.

O amor acalma.

A cobrança irrita.

O amor cura.

O desequilíbrio adoece.

O amor levanta.

A revanche esmaga.

O amor é brando.

A vingança ensandece.

O amor ilumina.

O confronto obscurece.

O amor sustenta.

A raiva enlouquece.

O amor alegra.

O desacerto entristece.

O amor movimenta.

O escárnio paralisa.

O amor ensina.

A incoerência desvia.

O amor é caridoso.

A pequenez é mesquinha.

O amor é vida.

O egoísmo é morte.

Onde quer que estejamos o amor será sempre o clima de construção espiritual do reino de Jesus em nossos corações. Tudo o mais poderá ser interpretado como transitórias ilusões que, passo a passo, desaparecerão.

O divino Mestre Jesus já nos asseverava, convincente: *"Nisto se conhecerão todos que sois os meus discípulos: se tiverdes amor uns aos outros."*[1]

CARMELA CARUSO ALUOTTO
Mensagem psicografada em 17/06/1991

---

[1] Nota da autora espiritual: João, 13:35.

Gestos
DE AMOR

Estudo da noite:
E.S.E., Cap. XI – Itens 1 a 4
"O mandamento maior. Fazermos aos outros
o que queiramos que os outros nos façam.
Parábola dos credores e dos devedores"
Mateus, 24:12-13

O respeito à figura dos pais.
A alegria espontânea.
A atenção ao dever.
A responsabilidade na escola.
A sinceridade no trabalho.
A colaboração com as tarefas domésticas.
O cuidado para com os irmãos.
Um gesto de solidariedade entre amigos.
Um cartão contendo uma mensagem de paz.
Uma flor com a delicadeza da alma.
Uma lembrança fraterna.
Um simples sorriso de amizade.
O reconhecimento e a gratidão sinceros.
A boa vontade para com os demais.
O carinho espontâneo no recesso do lar.
A iniciativa do esquecimento da ofensa.
O perdão das dívidas alheias.
A frase de bom ânimo.
O ato de fé pura e cristalina.
A pontualidade para com as próprias obrigações.
A dedicação à atividade profissional digna.

O ideal enobrecido.

A educação na via pública.

O respeito aos semelhantes.

A consideração para com as opiniões alheias.

A certeza da Paternidade Divina.

A compreensão das limitações humanas.

A aceitação de todas as dificuldades.

A superação tranquila dos obstáculos.

A serenidade diante da dor.

A calma no momento de crise.

A paciência edificante.

A tolerância diante das incompreensões.

A união equilibrada e feliz.

A firmeza dos propósitos de renovação.

A decisão de servir.

A extensão da fraternidade aos que nos rodeiam.

O agasalho no momento de frio.

O copo de leite que sustenta um neném.

O pão que mata a fome de alguém.

A roupa usada que acaba com a nudez.

O livro que aniquila a ignorância.

A palavra nobre que renova os caminhos.

A presença que conforta a solidão.

O alívio que alegra o doente.

A companhia que sustenta os necessitados.

A oração que reconforta.

O passe que anima.

A reunião simples de estudos evangélico-doutrinários que esclareça.

A instituição da beneficência.

A bênção da caridade.

Cada um desses gestos no mundo traduz, de alguma forma, a presença do amor em nossas vidas.

Cada um desses momentos de luz ilumina nossa ligeira passagem pelos caminhos do mundo.

Esforcemos-nos, assim, pela desobstrução de nossos corações, descobrindo o amor que jaz, inefável e puro, no mais profundo de nossos sentimentos.

Persigamos, com perseverança, a busca do amor em nós mesmos, porque, através dela, estaremos nos aproximando um tanto mais da presença amorosa de Deus, nosso Pai criador.

Não nos importemos com as lutas e as dificuldades, as perseguições e os sofrimentos, as tristezas e as iniquidades que a vida nos apresenta. Eles nada mais são do que a falta de amor, atormentando nossos corações. Saibamos ouvir a palavra sublime de Jesus, nosso Senhor, que nos asseverou: *"Por se multiplicarem as iniquidades, se resfriará o amor de muitos. Mas aquele que perseverar até o fim, esse será salvo".*

MARIA JOSÉ DE SÃO DOMINGOS
Mensagem psicografada em 24/06/1991

---

[1] Nota da autora espiritual: Mateus, 24:12-13.

Responsabilidade
E DEVER

Estudo da noite:
E.S.E., Cap. XI – Itens 5 a 7
"Dai a César o que é de César."
Mateus, 22:21

$\mathscr{A}$migos:

Que a Divina Providência nos ilumine!

"Dai, pois, a César o que é de César, e a Deus o que é de Deus."[1] Eis a assertiva luminosa de Jesus, clareando o nosso entendimento.

A afirmativa esclarecida do Mestre traça um quadro extenso de responsabilidades perante a vida – responsabilidades que cada qual há que dar conta ainda um dia, diante da Divina Providência.

Esse quadro de compromissos de ordem moral – *"A César o que é de César"* – se desdobra:

pelo acato à autoridade;

pelo respeito à legislação vigente;

pela manutenção da ordem pública;

pelo progresso das relações sociais;

pelo dever de solidariedade humana;

pela paz do convívio comunitário;

pela colaboração com o Estado;

pela dedicação à nação;

pelo aprimoramento cultural;

---

[1] Nota do autor espiritual: Mateus, 22:21.

pela dignidade do trabalho;
pela proteção à família.
Dar *"a Deus o que é de Deus"*:
pela sinceridade da fé;
pela pureza da oração;
pela bênção da caridade;
pelo esforço de renovação interior;
pelo crescimento espiritual;
pela vigilância do mundo íntimo;
pela aceitação da Vontade Divina;
pela extensão da fraternidade;
pelo amor ao próximo;
pelo perdão aos devedores;
pela perseverança no bem.

Um e outro quadro de responsabilidades se completam, em sublimes oportunidades de aprimoramento moral de nossa estrada milenar.

Atender à afirmativa do Cristo Jesus é prosseguir, sem temor, rumo a caminhos mais luminosos.

Não nos enganemos, pois!

Ninguém vencerá a si mesmo, dedicando--se à espiritualidade, se não puder cumprir com as obrigações cotidianas que a vida material exige, no quadro de provas e expiações que lhe são peculiares.

E ninguém, tampouco, encontrará a felicidade na vida material do mundo se não cumprir, por sua vez, com os sagrados compromissos que envolvem as transcendentes questões do *"ser, do destino e da dor"*, no cadinho das cogitações mais íntimas que nos religam ao Pai.

"Dai, pois, a César o que é de César, e a Deus o que é de Deus": esse é o apelo que orienta nossos espíritos para o equilíbrio necessário à execução de nossos deveres perante a vida comunitária e perante nós mesmos; que pavimenta nossos caminhos com a justiça na direção da verdade, em esplendor de amor e vida.

RODRIGO AGNELO ANTUNES
Mensagem psicografada em 01/07/1991

Caridade
DO SILÊNCIO

Estudo da noite:
E.S.E., Cap. XI – Item 14
"Caridade para com os criminosos"
Lucas, 6:45

$\mathcal{U}$ma outra sorte de criminosos existe no mundo, raramente encontrada nas casas de detenção da Terra: os assaltantes da intimidade alheia, que se utilizam da arma que têm na boca.

Cultivadores da maledicência inveterada convertem-se, pouco a pouco, em salteadores da paz, assassinos da fé, aniquiladores da esperança de seus semelhantes.

Antes, porém, de retribuir tal desequilíbrio com azedume e irritação, cólera ou revolta, atende, amigo, ao apelo do esclarecimento evangélico inspirado em Jesus.

Repare a triste condição com que destrambelham seus próprios recursos mentais, desperdiçando tempo e energia preciosos na direção da infelicidade.

Não acrescente ao fogo de suas consciências o lenho seco da desavença, com a discussão estéril.

Tenha piedade, antes de mais nada, de sua condição de criaturas infelizes, provisoriamente desviadas do próprio roteiro de aperfeiçoamento moral. E toda vez, então, que encontrar com tal sorte de irmãos desviados, amigo, ofereça a eles a caridade do silêncio, com o anteparo benevolente da oração pura e simples.

Lembre-se ainda que cada qual sente, pensa, age e fala, no mundo, de acordo com aquilo que conhece, pois, conforme esclareceu Nosso Senhor Jesus, *"A boca fala do que está cheio o coração!"*[1]

DALVA DE ASSIS
Mensagem psicografada em 12/08/1991

---

[1] Nota da autora espiritual: Lucas, 6:45.

Adversários
E CREDORES

Estudo da noite:
E.S.E., Cap. XII – Itens 1 a 4
"Retribuir o mal com o bem"
Mateus, 5:25

Adversários! Eis que surgem conturbando sua vida!

Voltam de um passado distante, na posição de credores exasperados.

Cobram os débitos ilíquidos, exigindo vultosos tributos de consideração.

Buscam o convívio, reclamando novos juros de atenção.

Resgatam as notas promissórias da paciência à custa de exigência incansável.

Descontam as duplicatas de amor, cobrando altas taxas de sacrifício.

Exigem testemunhos de humildade e tolerância, atirando em seu rosto os títulos vencidos em outro tempo, relembrando sua condição espiritual de falência em empresas de outrora.

Exasperados, exigentes, intemperantes, escarnecedores, revoltados, infelizes, sofredores... aí estão novamente, adversários de sua paz, devolvendo à sua vida o azedume e a irritação, o desequilíbrio e a tristeza que envolveram sua estrada, em outras eras... De toda parte aparecem, inesperadamente, tirando sua tranquilidade interior.

Se você percebe, surpreso e assustado, a presença em torno de seus passos desses credores exigentes, escuta, irmão, a voz interior que orienta o seu coração no caminho da paz!

Espere, tolere e perdoe, seguindo adiante e guardando, sob quaisquer circunstâncias aflitivas, a própria alma na fortaleza da prece. Recorde que há quase vinte séculos a palavra de Jesus, nosso divino mestre, se fez ouvir, convocando-nos à reconciliação: *"Reconcilia-te sem demora com teu adversário enquanto estás a caminho com ele!"* Essa foi a afirmativa luminosa que o evangelista Mateus grafou em seu capítulo 5, versículo 25.

E hoje, todos nós que comungamos os esclarecimentos do Consolador prometido por Jesus, pela bênção da Doutrina dos Espíritos, podemos concluir, sem receio, a importância de nos reconciliarmos, o mais depressa possível, nas fontes mais íntimas de nosso coração, com os adversários que se apresentam ante nosso roteiro de progresso!

Suporte, o quanto antes, a desarmonia que causam em sua jornada evolutiva! Isso porque, caso você venha a falhar no resgate da dívida que hoje apresentam à contabilidade da sua vida, com certeza, mais tarde, se encontrará novamente com eles, no seio do próprio lar, na condição de parentes difíceis, pelas bênçãos da reencarnação. Só então você saldará, sob o patrocínio do Supremo Juiz, todas as suas dívidas, à custa de devotamento e sacrifício, manipulando na própria alma o medicamento do amor, sanando as dores morais em lágrimas de renúncia.

FRANCISCO CARVALHO
Mensagem psicografada em 26/08/1991

O instrutor
E A APRENDIZ

Estudo da noite:
E.S.E., Cap. XII – Itens 7 a 8
"Se alguém vos bater na face direita, apresentai-lhe também a outra."
Mateus, 5:39

A paisagem era de beleza inefável.

Operosa colônia espiritual da Vida Maior oferecia aos habitantes formoso espetáculo da natureza sob o pôr radioso do sol. Vastos edifícios se conjugavam em planificação harmoniosa. Tratava--se do Setor do Esclarecimento, onde numerosos espíritos iam e vinham absortos na preocupação nobre do estudo dignificante.

Ao centro das edificações, uma extensa construção sobressaía-se dentre todas as outras. Um letreiro luminoso identificava seu objetivo superior: "CIÊNCIAS EVANGÉLICAS". Em todos os seus andares, amplas salas de estudo. Inúmeras turmas de aprendizes. Uma atmosfera de profundo respeito emoldurava seus contornos, com safírica luminosidade.

A paz operosa reinava! Em determinada divisão do venerável prédio, o abnegado instrutor Horta iniciava um valioso estudo acerca do tema "TERAPÊUTICA DO PERDÃO".

A assembleia de aprendizes da Vida Maior permanecia em respeitoso silêncio, acompanhando os sublimes conceitos com atenção e cuidado.

O benfeitor Horta trazia aos presentes a noção evangélica do perdão como necessidade imperiosa do progresso humano. Comentava o supremo valor da iniciativa de perdoar como infalível medicamento da alma.

A exposição transcorria serena, revestindo-se a cada instante de exortações vivas, convidando os ouvintes a aceitarem o perdão como recurso inadiável aplicado à profilaxia imprescindível do espírito imortal interessado no próprio roteiro de ascensão.

Encerrando o estudo da tarde, o irmão Horta concluía suas considerações, apresentando expressivo cartaz com a inscrição evangélica: *"Se alguém te bater na face direita, oferece também a outra."*[1]

Ante a profunda introspecção de todos, o generoso mentor encerrou os estudos da hora, rogando a paz de Jesus em favor dos presentes.

A assistência, como que engolfada em intensos pensamentos, retirou-se respeitosamente, endereçando ao instrutor amigo seu reconhecimento mudo.

Na vastidão do recinto reservado às exposições, restou apenas generosa matrona, extática e pensativa. O instrutor Horta aproximou-se delicadamente da distinta irmã e, chamando-a, disse:

---

[1] Nota do autor espiritual: Mateus, 5:39.

– Irmã Georgina, distinta amiga, que pensamentos a absorvem?

A aprendiz, recompondo-se, sorriu, um pouco desapontada:

– Ah, caro instrutor Horta, a palavra de hoje foi muito valiosa para meu esclarecimento espiritual, mas na condição de recém-chegada da Terra sou forçada a dizer que ainda não compreendo a expressão de Nosso Senhor Jesus. Sempre amei o divino Amigo do fundo de minh'alma, desde quando trilhava os caminhos do mundo, mas nunca pude aceitar por completo seu pedido de apresentar a outra face quando alguém nos esbofeteia em rosto. Que dizer, nobre Horta?

O valoroso benfeitor acariciou sua fronte e disse:

– Sim, irmã Georgina, compreendo a sua dúvida. Também eu, em minha passagem pelo mundo, cismei com o pedido de Jesus. Não percebia sua extensão até que, me defrontando com provas mais ásperas, tive a compreensão alargada. Não sei ainda por que processo, mas enquanto orava, buscando esclarecimentos, dois expressivos quadros me foram mostrados e para sempre ficaram gravados em minha memória. No primeiro, reconheci a figura excelsa do Mestre nazareno em suprema agonia, no alto da cruz da ignomínia. Açoitado, crucificado, escarnecido, desonrado, abandonado e sozinho... Esquecido pelos que mais amara! Chorei muito identificando seu sofrimento extremo, até que o segundo quadro me foi apresentado: Jesus Cristo, serenamente envolto em diáfana luminosidade, apresentado-se, após a ressurreição, ante a surpresa de Madalena e, mais tarde, frente ao desalento dos apóstolos. Toda uma atmosfera de alegria marcando a mensagem augusta da vida eterna! Então compreendi o supremo exemplo de perdão que o Mestre nos deixara. Apesar de nossa humanidade impenitente ter maculado sua divina presença entre nós, com o desprezo e a morte, ele, o excelso Semeador, perdoou seus desatinos, voltando ao seu convívio com a mensagem da Vida Nova. Foi assim que Jesus nos apresentou sua outra face!

A irmã Georgina chorava, comovida. E enquanto acariciava sua fronte com indefinível carinho, irmão Horta continuou:

– Sim, distinta irmã Georgina, apresentar a outra face ao ofensor não é sinal de fraqueza nem de covardia. É oferecer, sem pretensões, a nossa melhor parte – a face em que guardamos nossos sentimentos mais nobres. É dar ao infeliz devedor uma outra oportunidade, através da qual ele possa ter a chance de dignificar-se, saudando os próprios compromissos. Oferecer a outra face ao ofensor é ocultar-lhe a face ofendida, transmitindo-lhe nossos intentos de paz e concórdia, harmonia e união. O que Jesus nos exemplificou com a própria vida, entre o calvário e a ressurreição, é não retribuir o mal e a ignorância com violência, e sim com amor profundo. Em boa síntese, isso equivale a dizer que não devemos nos sentir ofendidos com a ignorância transitória. E foi exatamente em sintonia com essa visão cristã que Allan Kardec, o apóstolo da renovação humana, que codificou o Espiritismo, grafou, sublimemente inspirado, o apelo contido em *O Evangelho Segundo o Espiritismo*, capítulo XII, item 8: *"Lançai para diante o olhar. Quanto mais vos elevardes pelo pensamento acima da vida material tanto menos vos magoarão as coisas da Terra"*.

Visivelmente emocionada, a irmã Georgina, como que acalentada por uma nova luz de entendimento, agradeceu, entre lágrimas de júbilo, o concurso do generoso instrutor Horta.

Ambos despediram-se, respeitosamente. Lá fora a abóbada celeste descortinava a vastidão luminosa das estrelas, nas primeiras horas da noite.

RITINHA
Mensagem psicografada em 09/09/1991

Compaixão
E ESPERA

Estudo da noite:
E.S.E., Cap. XII – Item 9
"A vingança"
Romanos, 12:19-21

*E*m muitos momentos você se encontrou, face a face, com adversários em seu caminho.

Um irmão o insultou, inadvertidamente, carregado de cólera. Entretanto você não notou-lhe o disparate nervoso por trás de tanto arrojo.

Outro irmão ludibriou sua confiança. Contudo você não considerou as companhias infelizes que lhe turvavam o raciocínio com irresponsabilidade e astúcia.

Aquele irmão assaltou seu reduto doméstico. E você não observou-lhe a família enfraquecida de fome a encher-lhe o coração de revolta e dor.

Esse outro açoitou sua vida privada com a peçonha da calúnia. Mas, certamente, você não registrou a obsessão oculta que lhe inclina a boca para o cipoal da maledicência.

Esse outro ofendeu seus propósitos mais puros, maliciando sua conduta. Todavia você não notou-lhe a chaga aberta no coração, exalando desilusão e desconfiança.

Aquele outro aniquilou sua tranquilidade familiar pela presença do vício e do crime. Entretanto você não viu-lhe a agonia extrema da solidão, em pavoroso deserto de compreensão e de afeto.

Outro, ainda, menosprezou seus nobres ideais na construção das boas obras. Contudo você não registrou a desarmonia emocional que lhe obscurece sua visão espiritual há tempos.

Esse outro, ainda, atacou-lhe, ensandecidamente, buscando vingança e revide, qual sombra escura a espreitar seus passos. No entanto você não vislumbrou o desajuste moral que lhe requeima as entranhas no fogo das reminiscências infelizes.

Todos eles, os nossos irmãos infelizes no caminho do mundo, apresentam-se diante de sua face exigindo um prestar de contas. Não retribua o mal provisório com o recibo do ódio ou com a nota de incompreensão. Antes, tenha compaixão, sem demora, e espere!

Guarde seu coração de preocupações inúteis na fortaleza da oração, entregando as almas enfermas ao carinho excelso do médico sublime de nossas almas, Jesus, Nosso Senhor! Lembre-se de que a palavra augusta do Mestre nos ensinou há muito que devemos fazer aos outros aquilo que queremos que os outros nos façam.

Medite. Não há ninguém na Terra detentor da perfeita virtude e da perfeita sabedoria. Todos somos suscetíveis ao erro e na mesma medida que precisamos da indulgência alheia para com as nossas faltas espera-se, de nossa parte, indulgência e compreensão para com os deslizes dos demais.

Vingança, em todas as suas nuances de manifestação, é uma atitude que Jesus espera ver banida das cogitações de todas as consciências que aspiram à glória de servi-lo.

Foi inspirado nesse propósito das esferas mais altas que apóstolo Paulo escreveu aos cristãos de Roma, capítulo 12, versículos 19- 21 de sua carta, a inesquecível exortação: *"Não vingueis a vós mesmos, (...) mas vencei o mal com o bem"*.

MARGARIDA SOARES
Mensagem psicografada em 16/09/1991

Cadeias DO ÓDIO

Estudo da noite:
E.S.E., Cap. XII – Item 10
"O ódio"
I, João, 1, 2:9-11
I, Pedro, 1, 4:8

$\mathscr{A}$vida pulsa em extensão de harmonia, beleza, paz e concórdia no sublime trabalho de ascensão das criaturas imersas no Universo da Bondade Infinita.

Todo movimento ascendente, em sintonia com o Supremo Amor, resulta em progresso incessante, determinando o acesso aos degraus evolutivos do crescimento espiritual, na busca constante da criatura pela comunhão com o Pai criador.

O Cristianismo, na medida em que expressa o caminho direto em direção ao reino do amor e da sabedoria, em síntese admirável, determina: *"Ame a Deus acima de todas as coisas e ao próximo como a si mesmo"*.

Mas não obstante o esclarecimento geral acerca dessa verdade imortal muitos irmãos ainda residem na ignorância e no crime, no vício e na violência, agarrados ao imobilismo moral e indiferentes à orientação cristã.

Quanto a nós, que recebemos a orientação celeste com entusiasmo e alegria, é preciso atentar para a realidade. Não nos cabe o engano e o desconhecimento.

Imensamente inspirado, o venerável apóstolo João escreveu este alerta sincero em sua primeira epístola, capítulo 2, versículos 9 a 11: *"Aquele que diz estar na luz e odeia a seu irmão na verdade ainda está nas trevas (...) e anda nas trevas, e não sabe para onde vai, porque as trevas cegaram seus olhos"*. A afirmativa de João dispensa maiores comentários, pois chama, com vigor, a atenção de nossos brios espíritas-cristãos.

No apagar das luzes do vigésimo século da Era Cristã, não se ignora, em nossos círculos de estudos doutrinários, que o pensamento é uma força criativa que transforma, congrega e aglutina recursos sutis de exteriorização do mundo mental que o produz.

Esses recursos, que são determinantes da construção da felicidade ou da infelicidade de cada consciência, transbordam das bases energéticos do tálamo, na região do diencéfalo. Quando em sintonia com a Harmonia Universal, nas vibrações do amor eterno, que estimula e sustenta a ascensão espiritual, converte-se em inestimável alavanca propulsora do espírito rumo aos páramos da Grande Luz. Mas se, ao contrário, permanece estacionado na comunhão com os desequilíbrios da alma, converte-se em pesadas algemas, que aprisionam o progresso do espírito, retardando seus passos descuidados.

Nos quadros do desequilíbrio, o ódio é um fator preponderante na produção de profundas desarmonias psíquicas no campo emocional de quem, inadvertidamente, acolhe suas sinistras insinuações. A corrente de pensamento, que verteria continuamente no roteiro das aspirações mais altas, passa a enovelar-se, ocasionando nódulos de desajustes perigosos, que entorpecem a saúde mental de quem abriga o ódio no próprio coração.

Fixar o pensamento nas lembranças tristes de nossas tragédias morais acaba produzindo distúrbios mentais profundos, desarticulando nosso equilíbrio interior.

Às vibrações desconcertantes do ódio ou da revolta, da vingança ou da violência, do orgulho ou do crime seguem-se desajustes energéticos, que desarticulam as sinergias do corpo fisiopsicossomático, impondo a ele os gérmens de doenças de etiologia ainda obscura aos quadros de observação da ciência terrestre, produzindo no campo mental da criatura quistos desgovernados. Tais tumores, a princípio apenas psiquicamente manifestos no corpo espiritual, acabam gerando a ruptura de determinadas ligações vitais deste com o corpo físico, predispondo o corpo de matéria mais densa à invasão microbiana e às tendências mórbidas.

Isso sem nos reportarmos aos complexos resultados vinculados à infecção fluídica pela sintonização, em regime automático de busca, com as correntes mentais enfermiças, que se afinam com os desatinos morais.

Nesse particular, deparamo-nos ainda com os tristes conluios obsessivos e vampirizantes que unem, em simbioses destruidoras, espíritos encarnados e desencarnados de condição semelhante. Aqui se inscrevem os chamados ectoparasitas espirituais, que passam a minar as energias físicas de seus hospedeiros terrenos. Além, é claro, dos chamados endoparasitas espirituais, entidades vingativas que exploram o campo mental de suas vítimas de hoje, seus verdugos de outrora, impondo sua própria vontade dominadora e chegando, até mesmo, à sua subjugação completa. Através da segregação de recursos do quimismo espiritual – as simpatias e aglutininas mentais – chegam a controlar sua própria vida.

Tal controle não se faz, no entanto, sem o aceite autômato do fogo purificador do remorso. Ele se manifesta nos obscuros complexos culposos do devedor, unido pelas determinações do reajuste imprescindível da Lei de Ação e Reação, levando os credores de ontem a ter seus quadros cármicos determinados pela psicopatologia terrestre.

João, o abnegado apóstolo do Cristo, não hesitou ao afirmar que aquele que odeia está em trevas e anda em trevas; está sem direção porque perdeu o sentido da visão espiritual.

É preciso refletir nisso, caros irmãos! Somente o Evangelho de Jesus, como sublime roteiro de harmonização de nossas almas, pode nos libertar dessas cadeias de treva, em que, infelizmente, muitos estacionam a existência. Só o perdão, que a Boa Nova prescreve com sabedoria, nos reconduz ao trabalho nobre do bem, que nos alçará, um dia, às alegrias superiores.

Caridade que nos auxilie!

Caridade que nos favoreça!

Caridade que nos instrua!

Caridade que nos ilumine!

Somente no trabalho incessante do bem estaremos seguros. E para superarmos as cadeias do ódio do *"olho por olho, dente por dente"*, ouçamos, enfim, o conselho do apóstolo Pedro, em sua primeira epístola, capítulo 4, versículo 8: *"Só a caridade cobre a multidão dos pecados"*.

CORNÉLIO MYLWARD
Mensagem psicografada em 23/09/1991

O espírito
DE DISPUTA

Estudo da noite:
E.S.E., Cap. XII – Itens 11 a 16
"O duelo"
"E respondeu-lhe Jesus: Basta!"
Lucas, 22:38

*I*nfelizmente, ainda identificamos o vil espírito de disputa no coração das multidões. Se os códigos de convivência social progrediram, eliminando o duelo de armas em punho na defesa falaciosa da honra e do orgulho, outro tipo de disputa permanece no seio da coletividade humana como reflexo de sua barbárie moral.

É assim que o duelo mental das criaturas terrestres se alastra, sem qualquer controle, impondo desarmonia aos agrupamentos sociais:

as disputas políticas,

o fanatismo religioso,

o negativismo intolerante,

o isolacionismo das castas,

o partidarismo sistemático,

as divergências dos pontos de vista particulares,

as batalhas da informação escandalosa,

o registro unilateral das crises de toda espécie,

a reafirmação dos males de qualquer ordem,

a inoculação do veneno do confronto junto às massas sofredoras,

os ideais de separativismo,

as tensões emocionais gerando desequilíbrios,

o monstro belicista espalhando terror e morte nas malhas da guerra.

Diante de todas essas situações infelizes, ainda vigora o espírito de disputa.

É preciso analisar se não estamos, também nós, desarticulando nossas energias mentais em tal classe de duelos. De nossa parte, são impreteríveis o cuidado e a atenção vigilantes com tal assunto, sobretudo quando já abraçamos, de alma e coração, a palavra de Jesus por roteiro sublime de paz e harmonia, concórdia e fraternidade.

Toda vez que nos surpreendemos dando vazão ao espírito de disputa encontramos, tão-somente, o desgaste e a tristeza, a doença e a morte, desnudando, perante o mundo, o nosso atraso moral. Foi com o intuito de nos acordar para essa realidade que Jesus, Nosso Senhor, instantes antes de ser preso no horto de Getsêmani, na Jerusalém antiga, tentou preparar o ânimo desprevenido de seus apóstolos mais próximos.

Amorosamente, o divino Amigo cercou seus corações de advertências sinceras, antevendo seus momentos de supremo testemunho nas dores redentoras. Mas ao perceber que a visão de seus discípulos queridos não ia além do humano espírito de disputa, ao vê-los desatentos ao apresentar duas espadas de luta, respondeu, sem hesitar, alertando todas as consciências cristãs das eras futuras: "*Basta!*"

Só a sua autoridade augusta poderia nos repreender assim!

Basta de disputas, porque a senda do progresso moral que Jesus personificou nos aguarda, a todos, para a grande obra da fraternidade no coração dos povos.

IRMÃO JOAQUIM
Mensagem psicografada em 30/09/1991

Mãos
OPEROSAS NO BEM

Estudo da noite:
E.S.E., Cap. XIII – Itens 1 a 3
"Fazer o bem sem ostentação"

"*Não saiba a vossa mão esquerda o que deu a direita*" – eis o que Cristo nos apresenta por roteiro de bênçãos na escola da caridade. O divino Amigo se utiliza da sublime imagem das mãos para nos ensinar que as mãos simbolizam a ação.

Mas se há mãos que agem, sabemos que há mãos petrificadas na inércia.

Mãos entrelaçadas são o retrato da paralisia moral. Repouso indébito, entorpecimento da alma. Braços cruzados, repasto das sombras.

Mãos juntas predispõem sempre o campo do espírito à invasão das ervas daninhas e ao acúmulo de lodo e lama, transformando as belas oportunidades germinantes em triste quadro pantanoso, inerte e inútil.

A ação por si só, contudo, não significa elevação. Sabemos haver mãos que agem, espalhando desilusão e tristeza.

Mãos que apontam na direção da crítica corrosiva.

Mãos que indicam maledicência destruidora.

Mãos que cerram os próprios punhos na extensão da violência.

Mãos que esbofeteiam a dignidade, externando cólera e irritação.

Mãos que amaldiçoam, praguejando a sorte.

Mãos que convidam ao envolvimento com o engano.

Mãos que manejam armas, promovendo a morte.

Com Jesus, no entanto, as mãos agem de maneira bem diversa.

Com o Mestre divino, temos as mãos operosas no serviço do bem.

Nem mãos enroscadas na inércia, nem mãos que atuam na ignorância e no crime.

Só com Jesus encontramos mãos que abençoam.

Mãos que sustentam.

Mãos que curam.

Mãos que aliviam.

Mãos que são impostas em benefício dos doentes de toda ordem.

Mãos que repartem o pão espiritual.

Mãos que distribuem o alimento do corpo.

Mãos que multiplicam as potencialidades divinas na Terra.

Mãos que advertem, afastando o mal.

Mãos que instruem, acendendo a luz do esclarecimento.

Mãos que consolam os sedentos de amor e justiça.

Mãos que aconchegam os sofredores.

Com Jesus, as mãos movimentam-se num labor incessante, em nome do amor.

Por muito servirem à humanidade, sem qualquer exigência, ainda as vemos, por fim, separadas, a esquerda da direita, no alto da cruz do sacrifício supremo, em atitude de plena doação!

Muito embora feridas, equilibram-se pela usina gloriosa do coração, traduzindo os sentimentos purificadores do amor, recebendo, pela fronte crivada de espinhos, a luz maior das inspirações dos Céus.

Elas, ainda assim, exprimem o olhar do perdão e a palavra da bênção, apagando-se, humildes, para a demonstração da Vida Eterna.

BADY ELIAS CURI
Mensagem psicografada em 21/10/1991

Ignota
GENEROSIDADE

Estudo da noite:
E.S.E., Cap. XIII – Item 4
"Os infortúnios ocultos

Ambrosina, médium de vastos recursos psíquicos, despendeu muitas décadas no serviço desinteressado e puro a favor dos semelhantes. Disciplinada, sempre executou com perseverança seus deveres de médium espírita-cristã, cumprindo o mandato de amor com a assistência de Gabriel, seu devotado mentor da Vida Maior.

Certa manhã, logo cedo, viu-se em lágrimas. Seu semblante denunciava seu estado emocional, absorto em um turbilhão de comoção sincera.

Inquieta, Ambrosina chorava, guardando em seu olhar o expressivo quadro de sofrimento com o qual vinha sonhando, agora pela terceira vez. Seu pensamento buscava a solução do enigma desse sonho repetido.

Enquanto meditava em um canto singelo da casa, seu venerável mentor, grave e circunspecto, apareceu, perguntando:

— Ambrosina, o que é isso? Por que as lágrimas?

Mais confiante, a médium relatou o que vinha observando em sonhos.

– Ah, Gabriel, lúcido amigo! Há três noites consecutivas venho sonhando com o mesmo quadro: vejo criaturas idosas extremamente exaustas, rostos sofridos, os olhos esgazeados por um pavor desconhecido. A solidão sempre presente em suas choupanas humildes, seus barracões miseráveis. Aqui e ali vejo seu sofrimento. Identifico sua solidão. Inquieto-me, contemplando suas expressões transfiguradas de medo! Quem são elas, generoso mentor? Por que tramas do destino tenho observado sua tristeza, sem nada poder fazer em seu benefício?

Sua voz embargava em soluços quando Gabriel, austero, replicou:

– Ambrosina, de que serve a sua emotividade inútil para com essas pobres criaturas que tem observado espiritualmente? Lembre-se da palavra de nosso Senhor Jesus, que recomendou: 'Busca e acharás'! Busque, então, os sofredores que a impressionam e achará, por certo, o serviço do Cristo.

O mentor afastou-se e a dedicada servidora recobrou o ânimo, um pouco envergonhada. Enxugando as lágrimas, passou a pensar na profundidade da lição recebida através da repreensão sincera de seu benfeitor espiritual.

Naquele mesmo dia Ambrosina percorreu os arredores obscuros de sua cidade. Buscou, na periferia, os paupérrimos casebres, visitando seus moradores, em nome de Deus. Qual não foi sua surpresa ao encontrar, em algumas daquelas choupanas esquecidas, anciãos exaustos e sozinhos! Neles reconheceu os mesmos idosos de seus sonhos. A cada um perguntou, com desvelado carinho, em que poderia servir, em nome de Jesus Cristo.

Reconhecendo o medo oculto em cada olhar perdido, questionou a razão de tanto temor. Pouco a pouco, todos confessavam a Ambrosina o imenso receio da desencarnação próxima, a aflição de que os próprios despojos fossem parar nas mesas frias das salas de aula de Anatomia do curso de Medicina de uma universidade próxima, na condição de indigentes. Velhos e sós, sem qualquer familiar conhecido, temiam morrer abandonados, sem ninguém que reclamasse seus corpos para um sepultamento digno e honroso.

Ambrosina chorou, comovida, mas dessa vez suas lágrimas se transformaram em fraternidade ativa. Desde então temos visto seu amparo aos que desencarnam em abandono. Em suas visitas à miséria e à pobreza, tornou-se amiga dos desventurados, prometendo a eles, com a ajuda de outros amigos, a garantia de um sepultamento justo. Sendo assim o medo deixou de morar no semblante dos idosos abandonados da cidade onde vive nossa nobre irmã. E nós, de nosso outro lado da vida, temos observado almas serenas que partem da Terra louvando o nome de Ambrosina, a mensageira de Jesus!

IRMÃO SILVINO
Mensagem psicografada em 28/10/1991

Esses
OUTROS INGRATOS

Estudo da noite:
E.S.E., Cap. XIV – Item 9, § 1 a 8
"Instruções dos espíritos: A ingratidão dos filhos
e os laços de família"
Lucas, 6:35

$\mathcal{U}$m grande número de pessoas se enquadra no rol dos chamados "ingratos", raramente lembrados nos estudos que tratam da personalidade humana, considerada do ponto de vista individual ou coletivo. São muito poucos os estudiosos dispostos a se ocupar da fraqueza que lhes é própria. Esses irmãos infelizes são aqueles que se esquecem da soberana Paternidade Divina.

Desconhecem, deliberadamente, a bondade de Deus, cerrando a própria sensibilidade no isolamento injustificável.

Desdenham a providência dos Céus, preferindo vestir a capa do orgulho que enrijece o coração.

Duvidam da Misericordiosa Presença, encarcerando o raciocínio nas cadeias do materialismo sem propósito.

Escarnecem do Sumo Juiz, aceitando a revolta e o crime como normas de conduta, normas que entorpecem o pensamento.

Os vemos por toda parte e, não raro, se encontram na faixa social dita "brilhante", desposando o intelectualismo sem alma e o sentimentalismo sem ideal.

Se, porventura, você se encontra nessa classe de infelizes, repare, irmão, a contradição que envolve sua vida. Ao analisar detidamente os seus passos no mundo, verá, com clareza, que está incorrendo em lamentável engano. Por que rejeitar com veemência a fé em Deus, nosso Pai criador, se, cotidianamente, você toma atitudes de fé simples e pura, sem se dar conta do que faz?

Vejamos.

Você desconhece os princípios da engenharia mecânica que colocam em movimento os grandes veículos de transporte público. Todos os dias, no entanto, toma o ônibus, o trem, o metrô ou o carro, confiante na capacidade de quem os projetou para atender às suas necessidades de locomoção.

Da mesma forma não conhece os fundamentos da engenheira civil que embasam a multiplicação de construções em sua cidade. Sem grandes questionamentos, entretanto, deposita fé nos construtores de casas e prédios, pontes e estradas, aceitando seus projetos como abrigo de sua família.

Você desconhece questões de aeronáutica e aerodinâmica, mas não hesita, contudo, em tomar aeronaves de grande porte que facilitam a chegada aos destinos mais longínquos.

Confia na conversa de longa distância por telefone, tendo fé nos profissionais que oferecem agilidade e presteza nas comunicações.

Conta com a colaboração de aparelhos como a televisão e o rádio, a geladeira e o aquecedor, sem que conheça seu mecanismo de funcionamento, simplesmente porque deposita confiança e fé compulsórias nos inventores e fabricantes que tornam sua vida mais confortável.

Ora, se todos os dias deposita fé nessas coisas tão simples de sua vida, acreditando na competência de quem as produziu para o seu bem-estar, por que obscurecer, sistematicamente, a própria visão? Por que recusar-se a aceitar o divino Construtor do Universo, Pai soberanamente justo e bom, que lhe provém a existência de maravilhas, como o chão que pisa, o sol que lhe aquece, o ar que respira, a luz que lhe faz ver, o corpo que provisoriamente habita, enfim, o Universo de movimento e vida incessantes, em constante crescimento e ascensão?

Não se furte à realidade inconteste ao seu redor! Volte seu espírito desviado para o amor reconhecido da paternidade de Deus na certeza de que, conforme nos narra o evangelista Lucas, capítulo 6, versículo 35, *"O Altíssimo também ama e considera os filhos ingratos e maus"*.

IRMÃO VASCO
Mensagem psicografada em 17/02/1992

O próximo

Estudo da noite:
E.S.E., Cap. XV – Itens 1 a 3
"Parábola do bom samaritano"
Lucas, 10:28

$\mathscr{E}$ comum encontrarmos em nossos círculos de estudos doutrinários, nas reuniões que comentam o sublime Evangelho de Nosso Senhor Jesus, dissertações que exaltam as grandiosas obras que se realizaram na Terra, em nome da caridade.

Desfilam diante de nossa paisagem mental a figura dos grandes missionários que mudaram o horizonte do mundo com os seus testemunhos de amor. Sem dúvida nenhuma, devemos, sempre que possível, buscar os exemplos generosos dos veneráveis instrutores da humanidade terrestre.

O Evangelho redentor é uma mensagem atual dirigida ao nosso próprio espírito imperfeito. O próprio Mestre nazareno, ao definir o roteiro de libertação espiritual do homem comum, destacou a figura de um simples habitante da região de Samaria. Ninguém especial, apenas um cidadão tido por muitos como herético. Nenhum político de renome, mas um elemento tomado como desprezível dentre os das tribos de Judá. Nenhuma luminar da cultura hebraica, mas um simples viajante. Nenhuma autoridade religiosa, mas um humilde devoto dos livros fundamentais de Moisés. Nenhum filósofo de reconhecida inteligência, mas um itinerante sem nome, atento ao próprio caminho.

Foi esse samaritano da parábola de Jesus que se imortalizou na história do Cristianismo, apenas lembrado como o *bom samaritano*; aquele dentre todos os viajantes do trajeto entre Jerusalém e Jericó que se sensibilizou a ponto de ser tomado de compaixão pelo moribundo anônimo à beira da estrada. Foi ele que converteu o necessitado em seu próximo.

Jesus não apontou nenhum ser angelical, santificado em espetáculos de grandeza moral. Não indicou nenhuma atitude inacessível ao espírito comum. Apenas apresentou o *bom samaritano* e o revelou, tomado de compaixão.

A mensagem do Cristo é clara e direta. Ele fala aos nossos corações, exortando-nos a viver plenamente, pedindo-nos a disposição para a compaixão. De cada um de nós, espíritos em evolução no ambiente terrestre, ele espera, unicamente, o ato de amor. Ainda hoje ouvimos o Senhor repetir diariamente: *"Ame! Fazei isso e viverás!"*[1]

ARGEU SANTOS
Mensagem psicografada em 16/03/1992

---

[1] Nota do autor espiritual: Lucas, 10: 28.

O karma
DIFERENTE

Estudo da noite:
E.S.E., Cap. XVI – Item 4
"Jesus em casa de Zaqueu"

$\mathcal{A}$mbrosina, médium espírita-cristã de reconhecidos testemunhos de amor ao próximo, recebeu em sua casa um numeroso grupo de amigos para uma conversa fraternal. A alegria dominava o ambiente quando José Leôncio levantou-se, pedindo a atenção de todos. Era hora de realizar o culto do Evangelho de Jesus no lar de D. Ambrosina.

Em prece sentida, recomendou a todos as bênçãos do Alto, em nome de Deus. Ambrosina leu comovida alguns trechos do capítulo XVI de O Evangelho Segundo o Espiritismo. O tema passou célere às considerações dos amigos presentes. Cada qual procurou recolher as próprias impressões acerca da miséria e da riqueza no mundo terrestre.

O confrade Alberto, ávido por demonstrar sua indignação com o sofrimento alheio, falou:

– Meus irmãos, sejamos francos! Nada no mundo nos revolta mais que a contemplação da penúria sem limites! Vejam as mães, enlouquecidas de dor, carregando os rebentos de seu ventre na extrema pobreza, sem alimento que lhes sustente a euforia do corpo! Olhemos sem medo para a realidade de irmãos idosos em angustiante abandono nas ruas, doentes e exaustos. Divisemos os menores, pobres crianças desfiguradas, que o abandono induz à delinquência. Contemplemos os tristes andarilhos desempregados, com fome e frio, nas grandes cidades, amargando a ilusão de uma vida melhor, que nunca chegará. Não podemos admitir que tal situação persista em nossas comunidades! – exclamou, por fim, o confrade amigo, com grande excitação.

Luiz Fernando, pedindo a palavra, disse:

– Amigos, é justa a preocupação com a miséria, mas confesso que o ponto que mais me toca é a frieza injustificável dos abastados da Terra! Não podemos ignorar a criminosa omissão dos que esbanjam os recursos materiais, escarnecendo do sofrimento das massas. Há que se levantar o chicote da corrigenda, em honra da justiça infinita no mundo!

Onofre, outro dedicado companheiro, considerou, com presteza:

– Irmãos, não nos esqueçamos de que a Doutrina Espírita esclarece tudo à luz da razão. Sabemos que ambas as situações da vida, pobreza e riqueza, são quadros provacionais da alma encarnada na Terra. Não afastemos de nossa ideia a compreensão de que os miseráveis de hoje passam pela *pena de talião*, sofrendo, na própria carne, a privação que outrora infligiram a outrem.

Entusiasmada, a irmã Rosalba asseverou:

— Exatamente! Todos entendemos que o chamado *karma da pobreza* é resultado da soberana lei de causa e efeito, que exige do devedor a prestação de contas inadiável. Recordo-me de amigos que tiveram a oportunidade de visitar algumas nações do Sudeste asiático, contando que nessas nações a questão do *karma* individual é muito respeitada. A ninguém cabe interferir nas determinações do Criador, que enviou a dor aos sofredores para a sua própria reparação.

Venâncio, por sua vez, contribuiu, asseverando:

— Afinal, minha gente, vejamos a realidade como ela é. A existência de diferenças sociais no mundo deve-se à diversidade de dons dos espíritos que o habitam. Ninguém pode ignorar que há, na Terra, diversidades no grau de inteligência e cultura das criaturas. Os mais preparados, sem dúvida alguma, progridem com mais facilidade. Esse é o imperativo do progresso! – exclamou.

O tema parecia se desdobrar incessantemente. Aqui e ali surgiam parcelas da verdade. Não se observava no ambiente, contudo, uma sintonia adequada de ideias.

A medianeira, incitada a falar, viu-se, repentinamente, confusa. Cada confrade havia trazido elementos preciosos para a meditação coletiva. Ambrosina não se sentia disposta a discordar de ninguém. Todos os amigos mereciam sua atenção. Pensou muito, e valendo-se de inspiração superior pediu que se encerrasse o culto do Evangelho de Jesus, dizendo a todos que, naquele instante, a única coisa de que tinha absoluta certeza era da recomendação viva de Nosso Senhor Jesus ao mundo: *"Amai-vos uns aos outros como eu vos amei"*.

A reunião foi encerrada com emoção, após a oração final. Os companheiros se afastaram silenciosos e meditativos.

A noite ia alta e Ambrosina meditava na penumbra de seu quarto. Após lembrar-se das considerações de todos em torno de um tema tão palpitante, ela orou, pedindo a orientação de seu mentor espiritual.

Gabriel, o venerável benfeitor, fez-se visível, em prestimosa colaboração:

– O que foi, Ambrosina?

– Ah, Gabriel, nobre amigo!... Como conciliar a opinião tão valiosa de todos, que mais parecem mensageiros da verdade? Como poderei compreender tudo o que disseram sobre a pobreza e a abundância, o *karma* e o sofrimento, o progresso e o dever?

Gabriel respondeu, sereno:

– Ambrosina, minha querida! Todos julgam a verdade pela própria ótica. Mas longe de serem mensageiros da verdade, são companheiros na busca do aperfeiçoamento que seria desejável, mas que, ainda, está longe de ser atingido. De nossa parte, apenas poderemos dizer que o hábito pernicioso do sentimento de posse é um reflexo acalentado por muitos milênios na consciência coletiva dos povos terrestres desde os primórdios da civilização agrária. Séculos têm passado sem que as cadeias do egoísmo e do orgulho, da vaidade e do abuso das leis divinas se transformem em elos de amor aos semelhantes. Muito além da prevenção necessária e justa, os espíritos têm criado e realimentado medos e desconfianças injustificáveis, favorecendo, ilimitadamente, seu próprio clã familiar, seus partidos, suas nações. É por isso que a lei do reajuste, que se repete nas reencarnações sucessivas, tem mostrado imperadores na pele de escravos, generais em corpos doentes, afortunados em situação de penúria, exploradores na condição de explorados, mandantes em posição subalterna... Mas se soubermos que isso é verdade, se compreendermos que o sofrimento causado pela pobreza, pela miséria e pela subalternidade traz o *karma* da reparação pela paciência e pela humanidade, jamais nos esqueceremos de que o *karma* de quem observa o sofrimento alheio traz consigo o dever de abrandá-lo, em nome do Eterno Amor!

Ambrosina agradeceu as palavras de seu mentor e amigo, e adormeceu meditando.

IRMÃO SILVINO
Mensagem psicografada em 27/04/1992

O vínculo DA PERFEIÇÃO

Estudo da noite:
E.S.E., Cap. XVII – Itens 1 e 2
"Caracteres da perfeição"
"Sedes perfeitos como é perfeito o vosso Pai celestial"
Mateus, 5:48
Colossenses, 3:12-14

$\mathcal{I}$números aprendizes do Evangelho se embaraçam, receosos, diante da convocação do Cristo: *"Sedes perfeitos como é perfeito o vosso Pai celestial"*.

Muitos se perguntam:

– Como atingir a perfeição?

E antes que a resposta dos Céus modifique seu mundo mental, concluem, de maneira apressada:

– Somos imperfeitos!

Outros ainda consideram, imaturamente:

– Nosso atraso é patente. Não poderemos atingir perfeição alguma na face da Terra!

É verdade que ninguém ignora a realidade espiritual da humanidade terrestre. Permanecemos nos caminhos do mundo como os viajantes que vacilam diante de qual estrada seguir. Ponderamos: por que o Mestre divino, conhecendo a fraqueza e a instabilidade do coração humano, o exortou, de antemão, à perfeição? Se nos encontramos distantes de todas as verdades celestiais, o que levou o Senhor a nos indicar o roteiro da perfeição?

Cuidadoso, o aprendiz da Boa Nova saberá encontrar as razões do Cristo. Todos nós somos filhos de nosso Pai celeste e não importando a posição evolutiva em que nos encontramos estamos, invariavelmente, unidos em Seu amor soberano e compassivo. Como filhos do mesmo Pai, irmãos na escola universal, devemos buscar o traço divino de nossas consciências, o elo comum que nos une ao progresso e à evolução. Esse é o vínculo de amor que nos define como pequeninos espelhos refletores da presença amorosa de Deus, à Sua imagem e semelhança.

É preciso recorrer à sabedoria evangélica. O incansável apóstolo Paulo de Tarso, auxiliado por Timóteo, indicou o vínculo da perfeição. Ele escreveu aos habitantes cristãos de Colossos: *"Revesti-vos das entranhas da misericórdia, da benevolência, da mansidão e da generosidade. Suportai-vos uns aos outros, perdoai-vos uns aos outros. Assim como Jesus Cristo vos perdoou, fazei isso também vós. E, sobretudo, revesti-vos da caridade, que é o vínculo da perfeição"*.[1]

ZECA | JOSÉ FLAVIANO MACHADO
Mensagem psicografada em 29/06/1992

---

[1] Nota do autor espiritual: Colossenses, 3:12-14.

Aquele
QUE SEMEIA

Estudo da noite:
E.S.E., Cap. XVII – Itens 5 e 6
"Parábola do semeador"
João, 12:35
II, Coríntios, 9:6

     _D_urante a quaresma de 1655, na Capela Real de Lisboa, o inspirado mensageiro do Evangelho, Antônio Vieira, ao retornar de sua missão evangelizadora na longínqua região do Maranhão, assustou os que o ouviam. Sustentado por iluminados benfeitores espirituais, o discípulo do Senhor analisou a *parábola do semeador* com indescritível beleza:

     – O divino Mestre inicia a parábola nos falando daquele que semeia. É notável a visível diferença entre o que semeia e o que traz o título de semeador. Aquele que semeia está para o semeador assim como aquele que governa está para o governador, ou assim como aquele que peleja está para o soldado. O primeiro ato daquele que semeia é o ato de sair. Ele sai de si mesmo, livra-se do egoísmo do *eu* para dar-se à tarefa de semear a mensagem de Vida Nova. Ele sai para não retornar jamais. Conforme a orientação do Senhor, que manda que o mensageiro pregue a Boa Nova a todas as criaturas, aquele que semeia e saiu a semear não escolhe nenhum tipo especial de campo onde lançar a semente divina. Nesses campos, encontra todo tipo de criaturas: homens-pedra, homens-vegetal, homens brutos, homens humanos, pois há diversos corações humanos. Há os corações de pedra, endurecidos e obstinados na aridez espiritual. Há os corações de espinho, de entendimento afiado, que, por soberba e ilusão, cuidam apenas dos embaraços e dos enganos do mundo. Há os corações animalizados, no caminho do vício e da ignorância, e que, desatentos às questões fundamentais da vida, veem-se assaltados pelos agentes da sombra. Mas há também os corações sensíveis, nos quais a Vida Nova floresce na direção dos frutos abundantes do bem.

No entanto indagava Vieira:

– Por que a mensagem do Evangelho dá tão pouco fruto entre as criaturas? Porque somente um quarto do que é semeado frutifica, uma vez que nas pedras a semente seca, nos espinhos é abafada, e nos caminhos é pisada e atirada ao longe.

Segundo Vieira, para que o Evangelho realmente frutifique nos corações, três elementos são necessários:

– A infinita Misericórdia Divina, cooperando com a bênção da vida; aquele que semeia, cooperando com a mensagem da doutrina sadia; aquele que busca o conhecimento de si mesmo, contribuindo para o entendimento. Mas para que o ouvinte conheça a si mesmo, é necessário que enxergue seu próprio mundo interior. Por isso a capacidade de ver lhe é tão importante. Por isso ele dispõe de olhos! Aquele que semeia fornece a ele o espelho, enquanto Deus lhe dá a luz. Somente com a junção desses três elementos aquele que busca achará.

Prosseguiu Vieira:

— Ora, se Deus nunca nos deixa sem a Sua luz, e se o que busca anseia sempre por vida nova, conclui-se que a semente do Evangelho só não frutifica mais por responsabilidade única e exclusiva daqueles que são chamados a semeá-la. Ninguém deve duvidar de que todos nós somos chamados a semear a Boa Nova do reino de Jesus! Em que estamos falhando, então? Alguns pontos são essenciais para o êxito da tarefa daquele que semeia. Em primeiro lugar, importa considerar que pessoa ele é. Sua vida terá de ser um exemplo, uma vida de ação e vivência para que suas obras convençam aqueles que o observam. Em segundo lugar, importa o conhecimento que possui. Só damos aquilo que temos, por isso a importância do estudo e do esforço pessoal para a conquista da sabedoria – falar das experiências e conhecimentos alheios tem pouca repercussão. Em terceiro lugar, é necessário que aquele que semeia a mensagem divina cuide de uma única matéria: a semente do amor e da sabedoria. Um dia, ela será como a Árvore da Vida: de profundas raízes no Evangelho de Jesus, florescendo belezas e frutificando, por cem vezes mais, o fruto maduro da luz. Em quarto lugar, faz-se necessário observar o estilo de quem sai a semear. Ele deve ser espontâneo e natural, de modo que atinja a todos – não poderá ter o estilo afetado e superficial, que jamais convence. Deverá ater-se à mensagem da natureza. O firmamento estrelado orienta o lavrador e o marinheiro incultos em seus labores, do mesmo modo que dá asas ao pensamento dos físicos e astrônomos, que, apesar de cultos, ainda estão longe dos grandes enigmas universais. Aquele que semeia a nova mensagem deve lembrar-se do sentido real do que veicula, pois a verdade é uma só – devemos fugir das interpretações exclusivistas, afastando-nos de falsos testemunhos.

Assim concluiu Vieira, com a palavra inspirada:

– Aquele que semeia não pode buscar a fama, tampouco preservar uma imagem que todos elogiam. Que à sua passagem todos se entristeçam, buscando a reforma de suas próprias imperfeições. Aquele que semeia, sobretudo, não deve desanimar frente aos espinhos e pedreiras dos caminhos incertos. Se perseverar até ao fim, encontrará a terra boa e fértil onde crescer, desenvolver e amadurecer o fruto bom.

Ainda hoje, mais de três séculos após as palavras inspiradas de Vieira, ainda precisamos aprender as lições da parábola do semeador. Se hoje a Doutrina Espírita favorece uma compreensão mais dilatada do Evangelho redivivo de Jesus, o que estamos esperando, então? Recordemo-nos de que o divino Mestre nos advertiu que procurásse-mos andar enquanto tivéssemos a luz.[1]

Enquanto é tempo, prossigamos em nossa própria trajetória de redenção, pois no grande amanhã, conforme a afirmativa de Paulo de Tarso, em sua segunda epístola aos Coríntios, capítulo 9, versículo 6: *"Aquele que semeia pouco pouco também ceifará. E aquele que semeia com fartura com abundância também colherá!"*

IRMÃO VASCO
Mensagem psicografada em 20/07/1992

---

[1] Nota do autor espiritual: João, 12:35 e II, Coríntios, 9:6.

A porta
DA VIDA

Estudo da noite:
E.S.E., Cap. XVIII – Itens 3 a 5
"A porta estreita"
"Entrai pela porta estreita."
Mateus, 7:13
João, 10:9

$\mathcal{O}$ apelo do Cristo é indiscutível. Ele nos chama a transpor os umbrais estreitos.

Alguns desavisados, entretanto, exclamam:

– Que porta é essa que o Senhor nos indica? Como distingui-la da porta larga da perdição?

Alguns instantes de reflexão sob a luz evangélica são suficientes para concluir, com alto grau de clareza, que não é difícil descrever a porta estreita que devemos transpor. Seu marco apóia-se na esquadria do dever a cumprir, uma vez construído com o material da renúncia e do nosso próprio sacrifício. Seus alizares são revestidos com o produto da retidão de caráter e fixados com os pregos da responsabilidade e do compromisso mais nobres. Seu portal está seguro junto ao marco principal, utilizando-se das dobradiças da vontade firme e perseverante do bem, dobrando-se à fé incontestes na provisão. A madeira de que se constitui vem da alegria e do bom ânimo diários. Sua maçaneta é feita da lealdade ao dever e da fidelidade ao apelo superior. Sua tranca é feita do perdão preponderante das ofensas e da ação na caridade cristã. Para abri-la, é preciso usar a chave da sinceridade e da verdade. É por tudo isso que a porta estreita se diferencia da porta larga da ignorância, da ilusão, da fantasia e da iniquidade, tão próprias aos caminhos humanos. Todos nós somos chamados a transpô-la com esforço e devoção. Mas, infelizmente, a grande maioria escolhe não entrar por ela.

Prezado irmão, se, porventura, você ainda se debate na indecisão, procurando o caminho perfeito da felicidade que almeja conquistar, recorde-se da palavra de Jesus, Nosso Senhor, registrada por João Evangelista em seu capítulo 10, versículo 9: "*Eu sou a porta. Se alguém entrar por mim, estará salvo*".

IRMÃO VASCO
Mensagem psicografada em 07/09/1992

Por quê?

Estudo da noite:
E.S.E., Cap. XIX – Itens 1 a 5
"Poder da fé"
Mateus, 17:14-20

$\mathcal{A}$o sofrer a provação em seu círculo familiar na Terra, lamentando as desavenças e a desarmonia em sua casa, você, comumente, perguntamos:

– Por que, meu Deus?

Passando por dificuldades materiais em sua trajetória terrestre, privado de conforto e do mínimo necessários, você pergunta aos Céus:

-– Por que, meu Deus?

Vivenciando inibições sentimentais, que impõem grande tempo entre a solidão e a carência afetiva, você questiona:

– Por que, meu Deus?

Atravessando o período crítico da existência, vendo companheiros queridos abandonando suas obrigações imediatas você, entre desencantado e desiludido, interroga:

– Por que, meu Deus?

A luva de ferro da perseguição implacável golpeia seus ombros em determinado trecho do caminho. Lastimando o teste de resistência moral que a Providência Divina lhe oferta, você chora, amargamente:

– Por que, meu Deus?

A foice fria da morte ceifa suas afeições mais caras, arrebatando de sua convivência física o ente querido. Entre lágrimas, você se queixa:

– Por que, meu Deus?

A adversidade atinge o seu roteiro de experiências e, desnorteado com a deserção daqueles em quem depositava confiança, você reclama:

– Por que, meu Deus?

A saúde do seu corpo físico se foi, sem que se desse conta do processo orgânico que desestabilizou suas energias fundamentais e, entre a depressão e o desânimo, você lastima:

– Por que, meu Deus?

Raramente, entretanto, quando a provação aparece em sua estrada de aperfeiçoamento e elevação, você se dispõe a ouvir a resposta do Mais Alto às suas aflições.

Se apurar bem os ouvidos, certamente escutará o divino Senhor respondendo às suas súplicas e indagações.

E tal qual a resposta do Senhor aos seus apóstolos, registrada nas anotações de Mateus, ouvirá Jesus dizendo: *"Por causa da sua incredulidade"*.[1] Sim, por causa de nossa incredulidade nos rendemos às situações passageiras e transitórias. Afastamo-nos da esperança que prepara a construção de um mundo melhor amanhã. Apartamo-nos da caridade do amor que tudo espera, tudo sofre, tudo suporta e tudo perdoa, renovando nossos caminhos.

IRMÃO VICTOR
Mensagem psicografada em 12/10/1992

---

[1] Nota do autor espiritual: Mateus, 17:14-20.

Após a ÚLTIMA HORA

Estudo da noite:
E.S.E., Cap. XX – Itens 1 a 3
"Instruções dos espíritos:
Os últimos serão os primeiros"
Mateus, 20:1-16

A imagem educativa que o Senhor nos concedeu à contemplação espiritual através da *parábola do trabalhador da última hora* é de transparente simplicidade. Ela nos eleva, sem dificuldades, ao mais alto entendimento da verdade. Por isso é lícito perguntar: o que há além da última hora? O que virá depois?

É fácil reconhecer: não importa o instante em que o trabalhador tenha sido contratado no serviço do Senhor da Vinha. Se ele tiver tomado nos próprios ombros o encargo de suas responsabilidades, receberá, ao final do dia, o salário a que tem direito.

A remuneração que receberá das mãos do Senhor se converterá em justa paga, proporcional às responsabilidades assumidas. Paga que valorizará todos os esforços sinceros empregados no desempenho de suas obrigações. E será tão justa que garantirá recursos suficientes para providenciar abrigo perante as sombras da noite, segurança frente aos malfeitores à espreita na estrada, sustento que renove as energias, vestuário que proteja das intempéries do caminho, remédio que sane as chagas da enfermidade e repouso que assegure a paz do reparo moral.

Assim sendo, é razoável perguntar, com o entendimento alerta: o que acontecerá após a última hora do dia?

É justa a preocupação com a noite próxima, que põe à prova os recursos amealhados. Analisemos nossa própria disposição interior e sejamos honestos. Retratemos, sem fantasia ou rodeios, o quadro vivo da nossa existência. Só assim concluiremos, com a certeza irrefutável da verdade, que somente estaremos a salvo das sombras da noite, dos predadores, da fome e da sede, das intempéries e das doenças do caminho se pudermos receber o salário da paz – salário advindo de nosso serviço dedicado ao amor fraterno, que nos equilibra para um novo alvorecer.

IRMÃO VASCO
Mensagem psicografada em 16/11/1992

Espíritas

Estudo da noite:
E.S.E., Cap. XX – Itens 1 a 3
"Instruções dos espíritos:
Os últimos serão os primeiros"
João, 12:35

Almas tocadas pelo clarão da Nova Era, corrijam as suas vontades! Ergam a fronte aos horizontes ilimitados da bondade infinita de Deus e vislumbrem o dia glorioso da vitória espiritual! Arregacem as mangas e ponham os braços no movimento abençoado da caridade! Escutem o chamamento inequívoco do Cristo, chamando-lhes, pela última vez, ao serviço redentor! Levantem-se do imobilismo moral dos erros, que a poeira dos séculos petrifica, e sigam, com valor, a verdade renovadora! Tomem sob os ombros o peso de sua própria cruz, suportando a armadura implacável, com paciência e resignação.

Espíritas, o tempo escoa, veloz, na ampulheta de seus destinos. Vivam, com presença, os últimos momentos, as últimas oportunidades. Estes são os instantes que antecedem à grande renovação. Estejam atentos, enquanto o tempo os favorece, para a necessidade de subir o degrau decisivo da evolução.

A mensagem consoladora da Doutrina Espírita veio conceder-lhes o entendimento, dissipando a cegueira da ignorância e a névoa das ilusões. O seu corpo cristalino traz, com inexcedível clareza, os fundamentos principais que tornam simples a compreensão *do ser, do destino e da dor*. Assimilem, com alegria nos corações, os seus princípios salvadores. Compreendam a tarefa que oferece as possibilidades evolutivas. Ela nada mais é que a retomada do compromisso anterior com o Evangelho do Reino, deixado antes em algum ponto do caminho.

A reencarnação os felicita agora. Não hesitem! Diante da provação, espíritas, aceitem! Frente à perseguição, espíritas, perdoem! Em face das incompreensões, espíritas, abençoem! Perante o sofrimento, espíritas, consolem! Diante dos empecilhos, espíritas, perseverem! Ante a desilusão, espíritas, esperem! Na presença da ignorância, espíritas, eduquem!

Assumam, de uma vez por todas, a atitude do cristão ativo que, acima de tudo, vivencia no próprio sentimento o *"Amai-vos uns aos outros"*, como Jesus ensinou. Acolham, agora mesmo, a luz do entendimento superior, que faz com que o espírita sincero esteja sempre pronto a se instruir.

Espíritas, rumem para o Alto – eis a sua luminosa legenda! Mas não se esqueçam, sobretudo, de que o Senhor, alertando para a urgência do tempo que corre, disse: *"Andai enquanto tendes luz"*.[1]

LINS DE VASCONCELOS
Mensagem psicografada em 23/11/1992

---

[1] Nota do autor espiritual: João, 12:35.

Qual
O REINO?

Estudo da noite:
E.S.E., Cap. XXI – Item 5
"Prodígios dos falsos profetas"
João, 18:36

O reino de Jesus é o campo do espírito imortal. O de Pilatos é o campo transitório do mundo.

Se Jesus traz a sabedoria, o mundo prefere a ignorância.

Se o Mestre nos conduz ao amor, o mundo nos imobiliza no ódio.

O Senhor nos deixa a paz. O mundo promove a guerra.

O divino Amigo espalha a fraternidade. O mundo acirra as disputas estéreis.

O sublime Enviado acende a luz divina. O mundo está absorvido na escuridão.

Jesus ensina o perdão incondicional. O mundo instala a vingança.

O Senhor é a expressão da caridade pura. O mundo é a manifestação do egoísmo aviltante.

O divino Mestre fala da verdade. O mundo veicula a fantasia.

Jesus nos concede o entendimento. O mundo nos induz à ilusão.

O Mestre nos demonstra a humildade. O mundo enaltece a soberba.

O Senhor estende a união. O mundo demarca as linhas da separação.

O Cristo indica a mansidão. O mundo explode a cólera.

Jesus é brandura. O mundo é revolta.

O Senhor é ação. O mundo é movimento.

O divino Amigo ampara e consola. O mundo escarnece e acusa.

Jesus é alívio. O mundo é sobrecarga.

O Cristo promove a solidariedade. O mundo mantém preconceitos.

O Mestre ensina a prece. O mundo permite a desatenção.

Jesus abençoa. O mundo amaldiçoa.

O Senhor nos conduz à responsabilidade de viver. O mundo nos traça as trilhas escusas do crime.

O Mestre descortina os horizontes da fé. O mundo se circunscreve na descrença.

Jesus ressuscita a esperança. O mundo se angustia no desânimo.

O Senhor é a mensagem do renascimento. O mundo é o patrocinador da morte.

Por isso, amigo, se você está em dúvida sobre como proceder perante um problema, não se detenha! Deixe que o discernimento natural empolgue sua alma e decida-se pelo roteiro do Cristianismo, sem constrangimentos. Por ele, e através dele, seu raciocínio ficará claro e conduzirá seu coração à certeza de que a melhor opção é sempre aquela que o Senhor Jesus indica.

Recorde-se de que o reino de Pilatos, repleto das sugestões infelizes dos falsos cristos e dos falsos profetas, pode desviá-lo da felicidade que almeja. Mas se ouvir o celeste Semeador no mais íntimo de sua consciência, dizendo *"O meu reino não é deste mundo"*,[1] compreenderá que só cabe a você segui-lo, com perseverança, até o fim.

IRMÃO JOAQUIM
Mensagem psicografada em 21/12/1992

---

[1] Nota do autor espiritual: João, 18:36.

Família
E DESVINCULAÇÃO

Estudo da noite:
E.S.E., Cap. XXIII – Itens 1 a 3
"Estranha moral"
Mateus, 10:37

"*Aquele que ama a seu pai e a sua mãe mais do que a mim, de mim não é digno. Aquele que ama a seu filho ou a sua filha mais do que a mim, de mim não é digno.*"[1]

Certas passagens do ensinamento de Jesus só encontram entendimento claro e preciso se analisadas sob a ótica que a Doutrina Espírita proporciona, ampliando nosso campo de compreensão com a lente da reencarnação. Essa é uma delas, que permaneceria obscura não fosse a explicação do Consolador.

Vinculada aos processos evolutivos da Terra, a grande família humana segue um roteiro de reencarnações de acordo com determinadas subdivisões, necessárias à fixação do estágio de desenvolvimento e aprendizado em que cada ser humano se situa.

---

[1] Nota do autor espiritual: Mateus, 10:37.

É assim que a humanidade terrestre se divide em múltiplas associações, como as dos povos e nações, estados e comunidades, grupos e famílias, cada qual agregando, no seu corpo coletivo, as almas em perene movimento de recapitulação e fixação de experiências e lições, todas demandando a Vida Superior.

A família terrestre se estabelece, pois, como um vigoroso núcleo de trabalho das almas, precioso teste de resistência moral, sem o qual nenhum de nós poderia almejar os horizontes da Celeste Ventura.

A reencarnação, chave preciosa que o Espiritismo oferece ao mundo, faz com que passemos a vislumbrar as causas profundas de nossa associação familiar frente aos chamados pais, irmãos e filhos, comumente designados como entes queridos.

Avaliando nosso próprio trajeto reencarnatório, compreendemos o reencontro inevitável e compulsório com os antigos companheiros de desvios e desregramentos. Em grande parte das famílias terrestres, essa ainda é uma verdade incorruptível, diante da qual os convivas de ontem se reúnem para recomeçar e reaprender.

As sombras do passado, não raro, voltam a atormentar os espíritos na experiência familiar e se o amor não sustenta as bases do sentimento, com equilíbrio e bom senso, ressurgem no ambiente doméstico os círculos viciosos de neurose coletiva, manifestos na vigorosa possessão afetiva, nas revividas antipatias e aversões, na ambiguidade de ódios e amores simultâneos.

Ao compreender essa realidade do campo familiar, urge que voltemos o olhar para o sublime objetivo divino presente na célula de aprendizado que chamamos *família*. Através da Doutrina Espírita, é preciso entender que os laços familiares funcionam como cargas de ensaio, preparando nossa substância moral para a alquimia luminosa do amor. É no calor da família humana que retemperamos sentimentos e emoções, reconsiderando caminhos anteriormente trilhados e preparando-nos para o que ainda há de vir.

Compreendida à luz do Evangelho do Cristo, a vivência familiar pode indicar o objetivo celeste em nossos caminhos: o objetivo de solidariedade e fraternidade entre os homens de todas as religiões, povos e nações da face terrestre.

Em nosso estreito círculo familiar, invariavelmente, experimentaremos a resistência de nossa capacidade intrínseca de amar até que, afinal, ela desabroche em direção a todos os nossos semelhantes. Se refletirmos nisso, de maneira alguma nos parecerá estranha a palavra de Jesus, que as anotações de Mateus registram: amar a Jesus e ser digno do seu magnânimo e compassivo amor é uma atitude incontestavelmente exigida de nós no terreno moral, pois nos conduz à sensibilidade e ao sentimento de amor para com o próximo e a nós mesmos.

Sendo assim, alarguemos os horizontes da alma para que o verdadeiro espírito cristão viva em nós. Desvinculemo-nos da estreiteza egoísta de nossos círculos familiares para que a nossa compreensão de vida se expanda, sem limitações, na direção da fraternidade legítima. Não é sem outra razão que o Senhor, indicando o roteiro de ascensão, asseverou, convincente: *"Aquele que ama a sua família mais do que a mim, de mim não é digno".*

RUBENS COSTA ROMANELLI
Mensagem psicografada em 08/02/1993

Morte
E VIDA

Estudo da noite:
E.S.E., Cap. XXIII – Itens 7 e 8
"Deixar aos mortos o cuidado de enterrar seus mortos"
João, 5:24
João, 10:10
Mateus, 8:22

$\mathcal{O}$ advento da Boa Nova do Evangelho redentor delimita indiscutíveis fronteiras no trajeto evolutivo da alma humana.

Compreensível considerar, no roteiro de ascensão de cada qual, o momento sublime a caracterizar o ponto do caminho que define os domínios demarcados por diferentes graus de compreensão, a saber: o antes de Jesus e o depois de Jesus.

A fim de clarear nosso entendimento, o Senhor definiu esse sublime instante de transição por analogia, vinculando-o à imagem de transição física presente no binômio *morte-vida*.

"Quem ouve a minha palavra e crê Naquele que me enviou (...) passou da morte para a vida" – disse o Cristo.[1]

---

[1] Nota do autor espiritual: João, 5:24.

Todo aquele, portanto, que ainda não ouviu o chamado cristão na própria alma assemelha-se ao morto em espírito, sepultado na cova de seu próprio *eu*, circunscrevendo movimentos nos estreitos domínios da sombra.

A imagem do sepulcro não poderia ser mais adequada, pois nos transmite, com clareza, o imobilismo moral que caracteriza as atitudes infelizes do egoísmo e do orgulho, da vaidade e do vício, do apego e do desalento, da revolta e do crime. Todos os que se enredam nessas teias lamentáveis se fazem de mortos autênticos por refletirem, no pensamento e na palavra, no sentimento e na ação a ausência da vida verdadeira. As anotações do apóstolo João, em seu capítulo 10, versículo 10, registram a assertiva de Jesus: *"Eu vim para que tenham vida, e a tenham em abundância."*[2]

O Senhor veio fazer com que nos levantássemos do túmulo de nossas ilusões e fantasias, livrando-nos da sombra da ignorância, para que tivéssemos a vida plenamente desenvolvida. É preciso, então, que acordemos para as divinas potencialidades do amor e da fraternidade para que o amor se manifeste, pleno, em nossas vidas.

Jesus nos acorda do sono da insensatez e sua luz nos indica o caminho verdadeiro. Só vive plenamente quem coloca em movimento, dentro de si mesmo, as construções da fé, da esperança, da alegria, do bom ânimo, do perdão, da caridade,

---

[2] Nota do autor espiritual: João, 10:10.

do esforço e da perseverança no bem de todos, porque a solidariedade é lei soberana da vida no plano universal da Paternidade Divina.

Eis o porquê da sabedoria e da propriedade que, ao convidar o aprendiz que ouve sua palavra, Jesus sentencia: *"Segue-me, e deixa aos mortos o cuidado de enterrar os seus mortos"*.[3]

CÍCERO PEREIRA
Mensagem psicografada em 01/03/1993

---

[3] Nota do autor espiritual: Mateus, 8:22.

Paz EM NÓS

Estudo da noite:
E.S.E., Cap. XXIII – Itens 9 a 18
"Não vim trazer a paz, mas a divisão"
João, 14:27
Mateus, 10:34

"*Deixo-vos a paz, a minha paz vos dou, mas não vo-la dou como o mundo dá*".[1]

Cristo nos deixou a paz imortal, dada como patrimônio inalienável da alma interessada na própria ascensão espiritual. Mas para que a noção superior da paz que preconizava não fosse confundida, Jesus advertiu claramente que não nos deixava a paz tal como definida pelas concepções estreitas do mundo. O Senhor não nos trouxe a paz da ociosidade brilhante, colocada pelo mundo no trono enganador das riquezas e do poder.

Contra essa noção de paz mesquinha, petrificada no orgulho e arraigada no egoísmo, o divino Mestre pronunciou-se, com veemência: "*Não cuides que vim trazer paz à Terra. Não vim trazer a paz, mas a espada!*"[2]

Diante da enganadora paz da ociosidade mundana, Jesus traz a espada que desvenda o serviço renovador, precursor da paz espiritual.

Perante a tranquilidade inútil dos gozos da Terra, Jesus exibe a espada do sacrifício para que a renúncia em favor dos semelhantes transmita aos corações a tranquilidade da paz superior.

Notas do autor espiritual: [1] João, 14:27. [2] Mateus, 10:34.

Frente à acomodação das facilidades da vida terrestre, ele apresenta a espada que subverte o imobilismo, impulsionando as almas no roteiro da conquista de si mesmas, na direção da paz soberana.

Ante o injusto convencionalismo da sociedade humana, Jesus aponta a espada que cinge os ânimos, mobilizando-os para a construção da moralidade que estabelece, no íntimo, a paz de espírito.

Contra a violência e a anarquia do mundo, Jesus direciona a espada que redime a consciência coletiva pelo trabalho de autoeducação, que traça a ordem da paz universal.

Jesus nos deixou a sua paz celestial e para recebê-la com aproveitamento e valor é necessário que voltemos a espada do aperfeiçoamento para o nosso próprio coração, conscientes de que a paz do Cristo será, sempre, aquela originária do máximo esforço empreendido por nós na superação de nossas imperfeições e na renovação de nossos caminhos rumo à mais ampla fraternidade.

EFIGÊNIO SALLES VÍTOR
Mensagem psicografada em 08/03/1993

Brilhe!

Estudo da noite:
E.S.E., Cap. XXIV– Itens 1 a 7
"Candeia sob o alqueire. Por que fala Jesus
por parábolas"
Mateus, 5:16

"Com grande esforço, você aperfeiçoou o ofício que mantém sua existência na Terra. Mas se ele não colaborar com as pessoas à sua volta, de nada servirá.

Você estudou com disciplina e o título acadêmico favoreceu sua jornada, fazendo-se útil perante a sociedade. Mas se você não contribuir com seus conhecimentos para o progresso humano, de nada ele lhe prestará.

Com esforço próprio, você adquiriu os tesouros da cultura humana, com os quais pode enriquecer os valores sociais de sua comunidade. Mas se não se esforçar para acender a luz do entendimento nos que o rodeiam, para nada isso valerá.

Você recolheu com sacrifício a inspiração superior para a consecução de obras-primas de arte e beleza, despertando a sensibilidade dos que dividem com você a estrada humana. Mas se não se dispuser a torná-la pública para a exaltação da harmonia, para nada lhe adiantará.

Você reuniu preciosos recursos financeiros, com os quais atua de forma útil e progressiva. Mas se preferir encarcerar tais recursos no cofre do egoísmo, para nada eles servirão.

Se realidades semelhantes envolvem a vida cotidiana de forma tão clara e acessível, o que dizer da vida moral dos homens?

Distribua, enquanto é tempo, os valores morais que emolduram sua vida interior, a fim de que possam crescer e multiplicar no coração de seus semelhantes.

O quanto puder testemunhe a fé, espalhe a esperança e reparta a alegria. Ofereça bom ânimo, divida a confiança, derrame a consolação, entregue a amizade, ofereça a paciência, irradie a paz. Colabore com a caridade, espalhe a compreensão, disponha de boa vontade. Empregue o perdão, doe o entendimento, divulgue a verdade, porque assim procedendo estará acendendo a luz do amor capaz de modificar quaisquer horizontes de luta e dor, sombras e sofrimento.

É por isso que o Senhor Jesus, em nome da solidariedade entre os homens, recomendou: *"Assim brilhe a vossa luz diante dos homens para que vejam as vossas boas obras e glorifiquem o vosso Pai, que está nos Céus".*[1]

IRMÃO VASCO
Mensagem psicografada em 22/03/1993

---

[1] Nota do autor espiritual: Mateus, 5:16.

Biografia

DOS ESPÍRITOS COMUNICANTES

ADÉLIA MACHADO DE FIGUEIREDO
Devotada trabalhadora espírita, natural da cidade de Pedro Leopoldo, em Minas Gerais, onde nasceu em 21 de abril de 1901. Foi uma das primeiras frequentadoras do Centro Espírita Luiz Gonzaga, testemunhando o início do apostolado mediúnico do então jovem Francisco Cândido Xavier. Colaborou como médium passista durante várias décadas nas atividades espíritas da cidade de Belo Horizonte, onde desencarnou, em 16 de julho de 1982. Era irmã do confrade Zeca Machado.

ARGEU PINTO DOS SANTOS
Devotado médium espírita receitista. Fundador do Centro Espírita Fé, Esperança e Caridade, militou muitos anos na cidade de Cachoeiro do Itapemirim, Espírito Santo. Pai do confrade Enio Santos. Desencarnado em 1908.

DR. ARTUR LINS DE VASCONCELOS LOPES
Expressiva figura do Espiritismo brasileiro, nascido em 27 de março de 1891, em Teixeira, Paraíba, e desencarnado em 21 de março de 1952, em São Paulo. Foi presidente da Coligação Nacional Pró-Estado Leigo, fundada em 1931. Contribuiu com o advento do Pacto Áureo do Movimento de Unificação Espírita no Brasil, em 5 de outubro de 1949. Prestou relevantes serviços aos espíritas do Estado do Paraná.

BADY ELIAS CURI

Incansável batalhador espírita-cristão no Estado de Minas Gerais. Presidiu a União Espírita Mineira (UEM) de 1955 a 1962, onde deixou um legado de relevantes serviços prestados à causa. Integrou o chamado Pacto Áureo do Movimento de Unificação Espírita junto à Federação Espírita Brasileira (FEB). Também presidiu as atividades do Centro Espírita Luz, Amor e Caridade, na capital mineira.

CARMELA CARUSO ALUOTTO

Devotada colaboradora espírita-cristã, nascida na Itália e residente na capital mineira. Amiga do médium Chico Xavier desde 1943. Sob sua inspiração, fundou o Cenáculo Espírita Antônio de Pádua. Também foi uma das fundadoras da Congregação Espírita Feminina Casa de Bethânia, hoje um departamento da UEM. Mãe da querida D. Neném Aluotto – saudosa presidente da UEM por 33 anos. D. Carmela desencarnou em 29 de março de 1948.

CÍCERO DOS SANTOS DA SILVA PEREIRA
(PROFESSOR CÍCERO PEREIRA)

Valoroso batalhador do Espiritismo e do Esperanto em Minas Gerais, onde é vastamente conhecido e carinhosamente lembrado por sua grande bagagem de serviços. Fundou inúmeras instituições espíritas no Estado. Presidiu a UEM de 1936 a 1940. Foi um dos principais incentivadores da mediunidade do então jovem Francisco Cândido Xavier. Desencarnou em 4 de novembro de 1948, aos 67 anos. Sua autoridade apostólica era irresistível e seus passos deixaram rastros de luz. Seu nome está indissoluvelmente ligado à constituição de grande número de centros espíritas e instituições de caridade.

DR. CORNÉLIO MYLWARD

Generoso médico em Minas Gerais, atuou por várias décadas na cidade de Belo Horizonte. Hoje responde, no plano espiritual, como devotado benfeitor dos doentes e necessitados.

DALVA DE ASSIS

Abnegada mentora do grupo de intercâmbio espiritual Grupo Família, de Belo Horizonte. Desencarnada em Minas Gerais.

DR. EFIGÊNIO SALLES VÍTOR

Antigo trabalhador do Espiritismo em Belo Horizonte, onde, por largos anos, emprestou as melhores forças à Doutrina que nos reconforta. Sumamente devotado à causa do Evangelho, foi sócio-fundador do Cenáculo Espírita Thiago Maior e da Sociedade de Amparo à Pobreza, ambos de Belo Horizonte. Desencarnado em 1953.

FRANCISCO CARVALHO

Ex-presidente e um dos fundadores do Grupo Meimei. Carinhosamente lembrado como Chiquinho, foi devotado médium espírita-cristão da cidade de Pedro Leopoldo, em Minas Gerais. Era cunhado do estimado médium Chico Xavier, casado com uma de suas irmãs, Cidália. Desencarnado na década de 1980.

IRMÃO JOAQUIM | JOAQUIM ARCOVERDE DE ALBUQUERQUE CAVALCANTI

Grande prelado da Igreja Católica Apostólica Romana, foi cardeal da cidade do Rio de Janeiro. Desencarnado em 1930.

IRMÃO SILVINO
SILVINO CANUTO ABREU

Fármaco, médico e advogado ilustre, nascido em Taubaté, São Paulo, em 19 de janeiro de 1892, e desencarnado em São Paulo, em 2 de maio de 1980. Foi o autor do projeto que mais tarde se transformou no Instituto do Açúcar. Como empresário, foi o presidente das Indústrias J. B. Duarte. No campo da Medicina, foi o fundador e presidente da Associação Paulista de Homeopatia. Dedicou-se com afinco ao trabalho em prol das crianças abandonadas, fundando ou colaborando, no Rio de Janeiro e em São Paulo, com diversos orfanatos, como os internatos Anália Franco, para meninos, e Eleonora Cintra, para meninas. Foi colaborador da Associação Feminina Beneficente e Instrutiva. Como pesquisador, foi o diretor-geral da Sociedade Metapsíquica de São Paulo, entidade que, posteriormente, fundiu-se com a Federação Espírita do Estado. Dr. Canuto dedicou-se ao estudo e à divulgação da Doutrina Espírita ao longo de sua laboriosa vida. Escreveu obras de destaque no resgate do aspecto histórico do Espiritismo na França e no Brasil, notadamente em torno da obra de Allan Kardec e de Dr. Adolfo Bezerra de Menezes. Incluía-se no rol dos amigos diletos do estimado médium Chico Xavier.

IRMÃO VASCO

Destacado prelado da Igreja Católica Apostólica Romana. Foi grande missionário português nas terras da Capitania do Maranhão, no século XVII.

IRMÃO VICTOR
FRANCISCO DE PAULA VICTOR

Também conhecido como Padre Victor. Nasceu em Campanha, Minas Gerais, em 12 de abril de 1827, e desencarnou em Três Pontas, no mesmo Estado, em 23 de setembro de 1905. Foi vigário da paróquia de Três Pontas, de 18 de junho de 1852 até a sua desencarnação. Por todos os seus frutos na seara de Jesus e suas reconhecidas virtudes, é carinhosamente lembrado e amado até os dias de hoje.

ZECA | JOSÉ FLAVIANO MACHADO
Mais conhecido como Zeca Machado. Abnegado trabalhador do Espiritismo na cidade mineira de Pedro Leopoldo, Minas Gerais, onde militou por 35 anos ininterruptos ao lado do estimado médium Francisco Cândido Xavier. Participou da constituição do Centro Espírita Luiz Gonzaga, do Centro Espírita Scheilla e do Grupo Espírita Meimei. Seus exemplos de caridade evangélica, paciência e humildade são lembrados até hoje. Desencarnou em 18 de julho de 1964.

JOSÉ SILVÉRIO HORTA
Também lembrado como Monsenhor Horta. Inspirado sacerdote da Igreja Católica Apostólica Romana, notável pelo seu entranhado amor à caridade cristã. Viveu na cidade de Mariana, Minas Gerais, onde deixou formosas tradições de humildade e simplicidade. Desencarnou em 31 de março de 1933, aos 74 anos de idade.

MARGARIDA SOARES MACHADO
Casada com José Machado Costa Júnior, residia na Fazenda Alcatruz, no município de Santa Luzia, Minas Gerais. Desencarnou em 1915, em virtude de um acidente. Autora espiritual do livro mediúnico *Aceitação e vida*, psicografado por Chico Xavier e editado pela UEM.

MARIA JOSÉ DE SÃO DOMINGOS RAMALHO ROCHA

Mãe do estimado confrade da UEM, Arnaldo Rocha. Descendente direta do desbravador português João Ramalho, casou-se com Galdino Rocha e com ele teve 10 filhos. Dentre eles,Geraldo e Arnaldo Rocha, dedicados trabalhadores espírita-cristãos. Desencarnou em 18 de outubro de 1950.

RAUL HANRIOT

Devotado trabalhador do Espiritismo em terras mineiras. Presidiu a UEM por duas ocasiões distintas: de 1913 a 1914 e de 1915 a 1917.

RITINHA

Amiga espiritual de alta envergadura moral, conhecida por ser a mentora do ex-senador e ex-presidente da UEM, de 1945 a 1955, Dr. Camilo Rodrigues Chaves. É a personagem principal do romance de sua autoria, *Semiramis*.

RODRIGO AGNELO ANTUNES

Devotado militante espírita na capital do Estado de Minas Gerais, presidiu a UEM por duas vezes, de 1935 a 1936 e de 1937 a 1945, deixando relevantes serviços prestados.

DR. RUBENS COSTA ROMANELLI

Nascido em 17 de setembro de 1913, em Divinópolis, Minas Gerais. Professor e educador emérito. Doutor em Letras pela Universidade Federal de Minas Gerais (UFMG), onde foi diretor do Instituto de Humanidades da Faculdade de Filosofia. Escritor de renome nacional, foi devotado trabalhador da causa espírita-cristã na cidade de Belo Horizonte. Desencarnou em um acidente automobilístico, em 24 de dezembro de 1978, e hoje, na Espiritualidade, é um dos mentores da Fraternidade Espírita Irmão Glacus, na capital mineira.

Leia também

2019 —
O ÁPICE DA TRANSIÇÃO PLANETÁRIA

Marlene Nobre e Geraldo Lemos Neto reuniram nesse livro as predições de Jesus, os escritos de Allan Kardec e as revelações de Chico Xavier acerca da data-limite do Velho Mundo, advertindo sobre a manutenção da paz na Terra como condição essencial para os bons sucedâneos da atual transição planetária de mundo de expiações e de provas para mundo de regeneração. Como verdadeiro apóstolo do Cristo no planeta, Chico Xavier deixou um legado repleto de ensinamentos, induzindo-nos ao compromisso com a prática legítima do Evangelho de Jesus com a coletividade humana. Cada um de nós tem a liberdade de optar entre o bem e o mal, seguindo o melhor ou o pior caminho. Cabe a cada coração a alternativa da paz ou da guerra. Qual é a sua escolha?

MARLNE NOBRE E GERALDO LEMOS NETO

IGNÁCIO DE ANTIOQUIA

Uma viagem ao tempo da simplicidade e da pureza do Cristianismo, em sua mais bela e genuína expressão. Obra mediúnica repleta de episódios históricos do Cristianismo primitivo, que resgata para a memória da humanidade a vida e a trajetória de um dos seguidores mais valorosos de nosso Senhor Jesus Cristo.

PELO ESPÍRITO THEOPHORUS
PSICOGRAFIA DE GERALDO LEMOS NETO

SEMENTEIRA DE LUZ

Voltando à Terra no século XIX, Neio Lúcio encarna a personalidade de Arthur Joviano, cujo núcleo familiar, em missão redentora de um passado longínquo, conta com as presenças de personagens descritos nos romances *50 anos depois* e *Renúncia*. Desprendido em 1934, Neio Lúcio inicia sua comunicação com a família, através da mediunidade de Chico Xavier, em reuniões semanais de culto evangélico na casa de Rômulo Joviano, em Pedro Leopoldo | MG. As mensagens, repletas de sabedoria e amor extremado por todos aqueles com os quais conviveu, são bem a confirmação dos compromissos reparadores que assumimos na Espiritualidade, alicerçados nos ensinamentos de Jesus para nos tornarmos legítimos semeadores da Boa Nova.

PELO ESPÍRITO NEIO LÚCIO
PSICOGRAFIA DE FRANCISCO CÂNDIDO XAVIER
ORGANIZAÇÃO DE WANDA AMORIM JOVIANO

DEUS CONOSCO

Deus conosco é o livro que dá sequência às revelações espirituais inéditas da psicografia de Francisco Cândido Xavier, trazidas a lume pela prestimosa organização de Wanda Amorim Joviano, com a colaboração de Geraldo Lemos Neto. As mensagens, recebidas em sua maioria no culto doméstico do Evangelho no lar da família Joviano, nas décadas de 30 a 50, na Fazenda Modelo, em Pedro Leopoldo | MG, são de autoria de Emmanuel, o espírito responsável pela materialização da extensa bibliografia que tanto esclarecimento e consolação verteram da Vida Maior para a face da Terra, através das abnegadas mãos de Chico Xavier. Deus conosco nos traz de volta ao convívio os memoráveis discípulos do Cristo, ligados desde priscas eras, cuja missão foi a da revivescência do Cristianismo puro e simples dos tempos apostólicos, no coração humilde e generoso das terras pacíficas do Brasil.

PELO ESPÍRITO EMMANUEL
PSICOGRAFIA DE FRANCISCO CÂNDIDO XAVIER
ORGANIZAÇÃO DE WANDA AMORIM JOVIANO E
GERALDO LEMOS NETO

MILITARES NO ALÉM

Dentre os tesouros guardados por Wanda Amorim Joviano, MILITARES NO ALÉM, da lavra de Chico Xavier nos anos de 36 a 52, no mínimo surpreende pela atualidade das mensagens em torno da paz que a humanidade do século XXI tanto anseia. Fruto da sua ingente dedicação no desdobre das tarefas mediúnicas no culto do lar realizado durante muitos anos pelo *Grupo Doméstico Arthur Joviano*, na Fazenda Modelo, em Pedro Leopoldo | MG, esse livro relata, na perspectiva espiritual de muitos servidores da pátria, a realidade consoladora do *outro lado*, onde o trabalho pelo bem não cessa e a esperança é sentimento que inspira a vitória do amor preconizado por Jesus.

ESPÍRITOS DIVERSOS
PSICOGRAFIA DE FRANCISCO CÂNDIDO XAVIER
ORGANIZAÇÃO DE WANDA AMORIM JOVIANO

ILUMINURAS

ILUMINURAS é a primeira publicação de bolso da Vinha de Luz Editora. É composta de pensamentos e frases extraídos do livro *Deus conosco*, do venerável espírito Emmanuel, psicografado por Francisco Cândido Xavier nas décadas de 30 a 50, durante o culto cristão no lar do Dr. Rômulo Joviano, na Fazenda Modelo, em Pedro Leopoldo | MG. A riqueza dos ensinamentos evangélicos apresentados na obra fala por si só e atesta o amparo de nosso Senhor Jesus Cristo à divulgação da Doutrina Espírita, codificada pelo apóstolo Allan Kardec.

PELO ESPÍRITO EMMANUEL
PSICOGRAFIA DE FRANCISCO CÂNDIDO XAVIER
ORGANIZAÇÃO DE CEZAR CARNEIRO DE SOUZA

SEMENTEIRA DE PAZ

Volume que dá sequência ao roteiro de revelações espirituais do espírito Neio Lúcio, que em última romagem terrena envergou a personalidade de Arthur Joviano, pai de Dr. Rômulo Joviano, diretor da Fazenda Modelo em Pedro Leopoldo | MG, onde Chico Xavier trabalhou por largos anos. As mensagens nele contidas surgiram espontaneamente pela psicografia de Chico Xavier a partir de 1935, na residência da família Joviano, na própria Fazenda Modelo, durante o culto do Evangelho no lar do *Grupo Doméstico Arthur Joviano*, a que Chico prazerosamente se dirigia depois de findos os seus trabalhos diuturnos, dando a *Deus o que é de Deus* após dar a *César o que é de César*. Recebidas por Chico Xavier de 1946 a 1948, as mensagens de Neio Lúcio foram batizadas de SEMENTEIRA DE PAZ, sendo esse novo livro, organizado por Wanda Joviano, dedicado ao centenário de nascimento de Chico Xavier (1910-2010), o *medianeiro do amor*.

PELO ESPÍRITO NEIO LÚCIO
PSICOGRAFIA DE FRANCISCO CÂNDIDO XAVIER
ORGANIZAÇÃO DE WANDA AMORIM JOVIANO

PÉROLAS DE SABEDORIA

Compulsados do livro *Sementeira de luz*, organizado por Wanda Amorim Joviano, as frases e os textos apresentados no livro *Pérolas de sabedoria* foram coletados e reunidos por Braz José Marques com o propósito de engrandecer o aprendizado de todos nós nos estudos evangélicos do dia a dia. As pérolas da Espiritualidade — aqui incrustadas na condição de joias valiosas — são fundamentais para o esclarecimento daqueles que delas se valerem, expositores ou não da Doutrina Espírita.

PELO ESPÍRITO NEIO LÚCIO
PSICOGRAFIA DE FRANCISCO CÂNDIDO XAVIER
ORGANIZAÇÃO DE BRAZ JOSÉ MARQUES

COLHEITA DO BEM

A autoria deste livro pertence ao professor Arthur Joviano, o estimado benfeitor espiritual que todos nós conhecemos com o nome de Neio Lúcio, personagem do romance *50 anos depois*, de quem recebemos valiosos ensinamentos dirigidos ao espírito imortal que vai vencer a morte e transpor os séculos. Chico Xavier psicografou as mensagens do livro durante o culto do Evangelho no lar da família Joviano, na Fazenda Modelo em Pedro Leopoldo, onde trabalhava. No *Colheita do bem* estão as páginas recebidas nos anos de 1949 a 1952, sendo, portanto, as últimas psicografadas na Fazenda Modelo, uma vez que em 1952 a família Joviano transferiu definitivamente sua residência para a cidade do Rio de Janeiro. *Colheita do bem* finaliza a série iniciada com o livro *Sementeira de luz*, seguido pelo *Sementeira de paz* — formando uma verdadeira trilogia da luz, da paz e do bem maior, que a todos nos une no carreiro da evolução espiritual para Deus.

PELO ESPÍRITO NEIO LÚCIO
PSICOGRAFIA DE FRANCISCO CÂNDIDO XAVIER
ORGANIZAÇÃO DE WANDA AMORIM JOVIANO

CHICO XAVIER — O PRIMEIRO LIVRO

EDIÇÃO ESPECIAL

Vinte anos antes de sua desencarnação, Chico Xavier revelou que sempre guardou no íntimo o desejo de publicar as belas produções mediúnicas que os amigos espirituais escreviam por seu intermédio, nos idos dos anos 20. Curiosamente, Chico confeccionava, com suas próprias mãos e com grande esforço, alguns exemplares com a finalidade de despertar os amigos para a possibilidade de um livro. Em face da pobreza material com a qual vivia, ao médium restava a esperança de que algum desses amigos se interessasse pelo tema e, talvez, movimentasse os recursos necessários para uma publicação. De suas primeiras produções manuais, contendo, inclusive, a sua sensibilidade artística no desenho e na ilustração das mensagens, Chico conseguiu guardar durante toda a sua vida um único exemplar, que ao final de sua existência terrena entregou ao seu sobrinho-neto, Sérgio Luiz Ferreira Gonçalves, que no-lo apresentou para a devida divulgação. Esse é então, de fato e de direito, o primeiro livro de Chico Xavier, que a Vinha de Luz Editora da Casa de Chico Xavier de Pedro Leopoldo trouxe a lume, com a alegria de presentear o amado amigo Chico com a edição de seu *primeiro livro* no ano de 2010, ano de seu centenário de nascimento.

ESPÍRITOS DIVERSOS
PSICOGRAFIA DE FRANCISCO CÂNDIDO XAVIER
ORGANIZAÇÃO DE GERALDO LEMOS NETO E
SÉRGIO LUIZ FERREIRA GONÇALVES

LUZ NA ESCOLA — CHICO XAVIER NA ESCOLA JESUS CRISTO DE CAMPOS | RJ

Esse é um livro de Francisco Cândido Xavier, com mensagens psicografadas por ele durante visita de quatro dias à Escola Jesus Cristo, em Campos | RJ, em 1940. Contém comentários de seu organizador, Clóvis Tavares, testemunha ocular de todos os fenômenos ali ocorridos. Os textos desse volume representam uma reedição da sua primeira, pequena, única e esgotada edição, feita também em 1940, publicação de caráter doméstico da Escola Jesus Cristo, agora reeditada pela Vinha de Luz, que desempenha hoje um papel ímpar no resgate histórico da produção mediúnica de Chico Xavier.

ESPÍRITOS DIVERSOS
PSICOGRAFIA DE FRANCISCO CÂNDIDO XAVIER
ORGANIZAÇÃO DE CLÓVIS TAVARES E FLÁVIO MUSSA TAVARE

VIAJANTES — A ESPIRITUALIDADE ILUMINANDO SUA MENTE E SEU CORAÇÃO ATRAVÉS DE CHICO XAVIER

Primeiro audiolivro da Vinha de Luz Editora, que reúne 20 mensagens de espíritos diversos, psicografadas por Chico Xavier ao longo de seus 75 anos de labor mediúnico. Com um sugestivo título-tema e trilha sonora de rara beleza, VIAJANTES, organizado e interpretado por Fernando Peron, é um incentivo ao estudo sério e aprofundado de tão extraordinário patrimônio filosófico, científico e religioso legado a nós pelas mãos operosas e abençoadas de Chico Xavier.

ESPÍRITOS DIVERSOS
PSICOGRAFIA DE FRANCISCO CÂNDIDO XAVIER
ORGANIZAÇÃO E INTERPRETAÇÃO DE FERNANDO PERON

LIÇÕES PARA ANGELITA

Quando Chico Xavier tinha apenas 20 anos, dois personagens importantes surgiram para marcar a sua vida: a menina Angelita e sua mãe extremosa. Esse livro contém vinte mensagens repletas de ensinamentos preciosos, repassados de mãe para filha a partir do dia a dia que ambas vivenciam, e também das perguntas que a menina faz sobre os mais diversos temas acerca da existência. São lições para todas as pessoas. A receita segura para a construção do homem de bem – meta que todos nós devemos buscar.

PELO ESPÍRITO JOÃO DE DEUS
PSICOGRAFIA DE FRANCISCO CÂNDIDO XAVIER
ORGANIZAÇÃO DE JOÃO MARCOS WEGUELIN

CHICO XAVIER —
A AURORA DE UMA VIDA
ENTRE O CÉU E A TERRA

As mensagens aqui apresentadas foram psicografadas por Chico Xavier e publicadas no jornal espírita *Aurora*, dirigido por Inácio Bittencourt, entre julho de 1928 e abril de 1933. Nesses primeiros anos, Chico era ainda muito jovem, não sabia quem eram os espíritos que se comunicavam por meio dele, e era praticamente desconhecido fora das terras mineiras. A lucidez do jovem Chico Xavier ao comentar, ele mesmo, alguns trechos doutrinários sobre os postulados espíritas surpreende e seja em verso ou em prosa, sobre os mais variados temas, o leitor encontrará nesse livro preciosas lições de vida, ora nos ensinando a aceitar e a bendizer o sofrimento e as provas diárias, ora nos ensinando a viver uma vida verdadeiramente cristã e espírita, mostrando, por fim, quão breve é a existência terrena perante a eternidade do tempo.

ESPÍRITOS DIVERSOS
PSICOGRAFIA DE FRANCISCO CÂNDIDO XAVIER
ORGANIZAÇÃO DE JOÃO MARCOS WEGUELIN

DEPOIS DA TRAVESSIA

Mais um volume da psicografia inédita de Chico Xavier, por espíritos diversos. A sua primeira parte é originária da fase do médium em Pedro Leopoldo, na Fazenda Modelo, na qual, após o serviço, frequentou o culto do Evangelho no lar do *Grupo Doméstico Arthur Joviano*, levado a efeito, semanalmente, pela família de Dr. Rômulo Joviano. Já a segunda parte é fruto da última fase da psicografia do médium em Uberaba, onde, nas sessões públicas do Grupo Espírita da Prece, recebeu o espírito da irmã, D. Luiza Xavier, em diversas oportunidades, a partir de 13 de julho de 1985. Permeando as comoventes mensagens desses espíritos sobre a própria sobrevivência além-túmulo, há fac-símiles de mensagens de Emmanuel e de Bezerra de Menezes, fotografias e escritos inéditos de Chico Xavier ilustrando as épocas e as personalidades citadas. A obra é, pois, instrutivo volume contendo valiosas informações sobre a vida espiritual depois da travessia dos umbrais da morte do corpo físico, a induzir-nos o espírito distraído no mundo a uma mais ampla reflexão sobre a imortalidade, patenteando-se-nos a real significação das palavras de Jesus, nosso Senhor e Mestre: "A cada um será dado segundo as próprias obras".

ESPÍRITOS DIVERSOS
PSICOGRAFIA DE FRANCISCO CÂNDIDO XAVIER
ORGANIZAÇÃO DE GERALDO LEMOS NETO E
WANDA AMORIM JOVIANO

MILITARES COM JESUS

As lições deste livro são de autoria de respeitáveis espíritos que passaram pela Terra na difícil experiência como militares. Portadores de grandes responsabilidades no dever, na disciplina, sobretudo integrados na justiça, propugnam, com amor, pela paz e pela felicidade dos povos, e do Brasil como pátria do Evangelho de nosso Senhor Jesus Cristo. São fragmentos extraídos do livro *Militares no Além*, psicografado por Francisco Cândido Xavier no período de 1936 a 1952 em Pedro Leopoldo, Minas Gerais, selecionados e organizados no presente volume como valiosos ensinamentos dos benfeitores da Vida Maior.

ESPÍRITOS DIVERSOS
PSICOGRAFIA DE FRANCISCO CÂNDIDO XAVIER
ORGANIZAÇÃO DE CEZAR CARNEIRO DE SOUZA

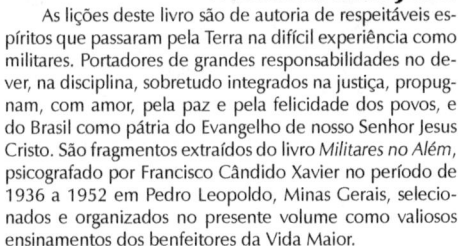

REGISTROS IMORTAIS

Registros imortais resgata para a história da Doutrina Espírita o trabalho de desobsessão e de esclarecimento aos desencarnados levado a efeito no Centro Espírita Meimei, fundado por Chico Xavier na Pedro Leopoldo dos anos 50. Por meio da psicofonia, Chico Xavier e diversos outros médiuns receberam mensagens da Vida Maior assinadas por espíritos sofredores e em evolução, em cujo cerne encontramos o Evangelho de Jesus como alicerce seguro para a vida imortal. Complementando as obras *Instruções psicofônicas* e *Vozes do Grande Além*, editadas pela Federação Espírita Brasileira em 1955 e 1957, respectivamente, esse livro é mais um documento importante para o Espiritismo no Brasil e no mundo, testificando a ingente capacidade mediúnica e caritativa do maior médium de todos os tempos e a valiosa contribuição de todos aqueles que com ele conviveram nessas tarefas consoladoras.

ESPÍRITOS DIVERSOS
PSICOFONIA DE FRANCISCO CÂNDIDO XAVIER
ORGANIZAÇÃO DE EUGÊNIO EUSTÁQUIO DOS SANTOS

OBRAS DA FÉ

A Vinha de Luz tem como missão maior a publicação e a divulgação de obras inéditas da lavra mediúnica de Francisco Cândido Xavier. Esse lançamento comemora seus 10 anos de trabalho e traz para o leitor uma seleção de mensagens de espíritos diversos, psicografadas pelo maior médium de todos os tempos, publicadas em 14 livros lançados por ela na última década. São mensagens de bênçãos. Uma obra de fé, que testifica a grandeza do compromisso para com a Doutrina dos Espíritos e para com o Evangelho do Cristo, respondendo ao chamado da tarefa abençoada com o livro espírita e com a preservação e a difusão da vida e da obra de Chico Xavier no Brasil e no mundo.

ESPÍRITOS DIVERSOS
PSICOGRAFIA DE FRANCISCO CÂNDIDO XAVIER
ORGANIZAÇÃO DE JOÃO MARCOS WEGUELIN

PALAVRAS SUBLIMES

A partir de 1930, a história de Chico Xavier começou a ser contada pelas páginas de *Reformador*, a mais antiga publicação voltada para a divulgação do Espiritismo no Brasil. Esse livro traz mensagens de Chico Xavier localizadas em suas edições de 1933 a 1950, psicografias assinadas por espíritos de vulto, como Emmanuel, Humberto de Campos, Bittencourt Sampaio, Abel Gomes, dentre outros, sendo este mais um título da bibliografia do médium mineiro que a Vinha de Luz Editora traz a lume, com a organização do jornalista João Marcos Weguelin, para a preservação da vida e da obra do maior brasileiro de todos os tempos.

ESPÍRITOS DIVERSOS
PSICOGRAFIA DE FRANCISCO CÂNDIDO XAVIER
ORGANIZAÇÃO DE JOÃO MARCOS WEGUELIN

A SAUDADE É O METRO DO AMOR

Apresentação das seis comunicações mediúnicas de Clóvis Tavares por meio de Chico Xavier, com quem mantinha uma relação de amizade que não pode ser medida pelos padrões humanos. Na intimidade do lar, Clóvis sempre declarou que só se comunicaria mediunicamente através de Chico. Sua família manteve a fidelidade de sua amizade e reconhece nas cartas espirituais a integridade de sua personalidade. Que a obra possa transmitir a você, leitor, o valor doutrinário dessas comunicações, que não se resumem a cartas domésticas, mas a diretrizes para a vida.

PELO ESPÍRITO CLÓVIS TAVARES
PSICOGRAFIA DE FRANCISCO CÂNDIDO XAVIER
ORGANIZAÇÃO DE FLÁVIO MUSSA TAVARES

CARTAS DO ALTO

A obra contempla, e complementa, o que há de melhor na psicografia de Chico Xavier. Aqui estão o seu benfeitor Emmanuel e os amigos espirituais que o acompanharam ao longo de décadas. Entre os poetas, Augusto dos Anjos, Cruz e Souza, Olavo Bilac, Castro Alves, e muitos outros deixaram seus versos. Não faltaram as prosas elucidativas e instigantes de André Luiz e de Irmão X, além de textos doutrinários de Bezerra de Menezes, Bittencourt Sampaio e Eurípedes Barsanulfo, num compêndio de conteúdo para profundos estudos, que proporcionarão valioso aprendizado e oportunas reflexões. Esse trabalho é, para a Vinha de Luz Editora, uma conquista bastante significativa, pois encerra um ciclo de pesquisas em *Reformador*, a revista espírita mais antiga em circulação no país e no mundo. E estimula o empenho e a responsabilidade de continuar buscando em dezenas de outras publicações as mensagens que o maior médium de todos os tempos espalhou por toda a imprensa em 75 anos de tarefa psicográfica e também por todos os lugares por onde passou.

ESPÍRITOS DIVERSOS
PSICOGRAFIA DE FRANCISCO CÂNDIDO XAVIER
ORGANIZAÇÃO DE JOÃO MARCOS WEGUELIN

APOCALIPSE SEGUNDO O ESPIRITISMO – UMA PROPOSTA DE ESTUDO

Em virtude da consumação de muitos dos "ais" e do derramamento de grande parte das "taças" do Apocalipse, fomos compelidos a ultimar celeremente esse trabalho em face dos atuais momentos pelos quais passa a humanidade terrestre. O objetivo dessa pesquisa é o de chamar a atenção para o papel do Brasil nos anos vindouros, uma vez que se deve considerar a hipótese de o povo brasileiro acolher irmãos de outras terras em momentos difíceis que se aproximam. O que conseguimos arregimentar por intermédio das abençoadas mãos de Chico Xavier são informações profundas e contundentes para as nossas vidas, e certamente auxiliarão na formação de uma cultura de resignação, renúncia e de vontade empenhada para o atendimento aos desígnios do Pai Maior.

MARCO PAULO DENUCCI DI SPIRITO

Chiquito

CHIQUITO, da autora portuguesa Julieta Marques, conta um pouco da vida de Chico Xavier em linguagem acessível e direta, num convite ao amor, à humildade e à disciplina exemplificados pelo *médium do século*. Totalmente ilustrado, CHIQUITO é o segundo título da Vinha de Luz Editora voltado à evangelização infantil, que atende, sem dúvida alguma, às *crianças de todas as idades*.

Julieta Marques

Chico Xavier —
O médium dos pés descalços

Chico Xavier foi, durante toda a sua vida, a personificação do bem, do amor ao próximo e da humildade. Nesse livro, Carlos Baccelli relata casos pessoais em torno do médium mineiro e registra, por meio de cartas que agora torna públicas, sua amizade estreita com o maior representante do Espiritismo no Brasil e no mundo. O autor nos coloca em contato muito próximo com Chico Xavier. É como se estivéssemos frente à frente com ele, numa conversa intimista, repleta de ensinamentos. É quase uma conversa ao pé do ouvido — em que podemos sentir de novo, e mais uma vez, a sua insubstituível presença.

Carlos Antônio Baccelli

CHICO XAVIER COM VOCÊ

Chico, mais que médium, era sábio. Em seus lábios, tanto ecoavam lições dos espíritos amigos quanto ensinamentos de sua própria autoria. Aqui, nessas páginas, garimpando em obras, revistas e periódicos antigos, o autor organizou uma coleção de pérolas que, sem dúvida alguma, não figuram em nenhuma outra coleção do mundo. Por isso, certamente, com esse abençoado livro você estará de posse de um tesouro de valor incalculável. Um tesouro que fará de você uma das pessoas mais ricas entre todos os homens!

CARLOS A. BACCELLI

O VOO DA GARÇA —
CHICO XAVIER EM PEDRO LEOPOLDO | 1910-1959

Esse trabalho histórico, do pesquisador pedroleopoldense Jhon Harley, que conviveu por 21 anos com Chico Xavier, é mais uma contribuição para compreender a figura humana do médium mineiro. Utilizando instrumentos e orientações do campo da História, principalmente no que diz respeito ao uso e à interpretação das fontes orais, escritas e iconográficas disponíveis, o autor transitou entre o acadêmico e o poético, fazendo uma analogia entre uma revoada de garças, ocorrida em 2 de abril de 1910, e a permanência de uma delas entre nós.

JHON HARLEY

NAS TRILHAS DA GARÇA —
CHICO XAVIER NAS MINAS GERAIS

Dando continuidade ao seu trabalho de pesquisador, o pedroleopoldense Jhon Harley, utilizando instrumentos e orientações do campo da História, identificou algumas das "trilhas" percorridas por Chico Xavier nas Minas Gerais, principalmente em Uberaba. Mesmo tendo asas, essa "garça", vivendo a sua humanidade, manteve-se com os pés no chão, de bem com a vida, com os homens e consigo mesma. Para o autor, na perspectiva histórica em que a pesquisa se desenvolve, não é um simples gesto que transforma a sociedade em que vivemos, mas a coerência entre o falar e o agir de uma pessoa, associada ao seu poder de mobilização, é que gera uma ação coletiva de proporções inimagináveis. Chico Xavier foi uma dessas pessoas transformadoras. Por isso destaca, parafraseando o biógrafo uberabense Carlos Baccelli, que Chico não foi um anjo exercendo o papel de um homem, mas um homem, do mundo e no mundo, exercendo o papel de um anjo.

JHON HARLEY

PEDRO LEOPOLDO VISTA POR
CHICO XAVIER — 1910 | 1959
49 ANOS DA PRESENÇA DO
MAIOR MÉDIUM DE TODOS OS TEMPOS

O que o menino, o jovem e o adulto Chico Xavier vislumbrou em seus primeiros anos de experiências humanas e durante o desabrochar de suas faculdades mediúnicas a serviço do Cristo e da Doutrina dos Espíritos? O que teria o seu cândido olhar registrado pela retina da convivência e da saudade? Esse livro reúne extenso material inédito sobre o maior médium de todos os tempos, com fotografias e documentos recuperados, classificados e arquivados pelo memorialista pedroleopoldense Geraldo Leão, do Arquivo Geraldo Leão, e por Geraldo Lemos Neto, da Casa de Chico Xavier, que retratam principalmente o ambiente socioeconômico e cultural de Pedro Leopoldo dentro do período em que Chico Xavier lá residiu, desde o berço, em 1910, até a sua mudança definitiva para Uberaba, em 1959.

GERALDO LEÃO E GERALDO LEMOS NETO

Célia Lucius, Santa Marina — Semelhanças entre as biografias católicas e o romance *50 anos depois* de Francisco Cândido Xavier e Emmanuel

CÉLIA LUCIUS, SANTA MARINA é a revivescência da vida daquela que Chico Xavier | Emmanuel descreveram no romance *50 anos depois* como *"o lírio que nasceu do lodo das paixões do mundo para perfumar a noite da vida terrestre"* e que a igreja católica canonizou no século V. Aqui, por meio do minucioso e irrefutável estudo biográfico realizado por Flávio Mussa Tavares, filho do saudoso Clóvis Tavares, de Campos | RJ, o leitor se deparará com diversos relatos sobre Célia, confirmando a veracidade da narrativa do médium mineiro nos idos dos anos 40, tal qual previra Emmanuel no prefácio da obra referenciada. Para os espíritas, a consolidação da interexistência de Chico no desdobramento do labor mediúnico a benefício da difusão da Doutrina e sua prática evangelizadora, exemplificando o amor e a humildade legitimamente cristãos. Para os demais, uma reflexão sobre as lutas transitórias da vida física e a realidade além-túmulo — a verdadeira vida de todos nós.

FLÁVIO MUSSA TAVARES

Evangelho puro, puro Evangelho — Na direção do Infinito

Seguidor inconteste da Boa Nova do Cristo, e espírita em sua mais pura essência filosófica, Martins Peralva deixou para os estudiosos da Doutrina textos de iluminada sabedoria e reflexão, que foram reunidos no livro *Evangelho puro, puro Evangelho — Na direção do Infinito*, organizado por Basílio Peralva, e que a Vinha de Luz Editora trouxe a lume numa homenagem ao centenário de nascimento do *médium do século*, Francisco Cândido Xavier (1910|2010). A obra, que congrega artigos publicados na imprensa de 1945 a 1999, é indispensável ao homem de boa vontade, abordando temas imprescindíveis a todos os corações que jornadeiam rumo ao progresso espiritual.

MARTINS PERALVA
ORGANIZAÇÃO DE BASÍLIO PERALVA

ERA UMA VEZ PARA SEMPRE

Voltado à evangelização infanto-juvenil, esse livro é um compêndio de mensagens de graciosa narrativa, que enfeixa os ensinamentos do Cristo sob a ótica do Espiritismo, correlacionados a diversos assuntos de ordem espiritual e humana. Suas personagens principais — crianças sedentas de amor e de conhecimento — encantam pela perseverança no bem, sempre amparadas pela nobre e sábia Vovó Angel, que, como o próprio nome já diz, é um anjo do Senhor em suas vidas de aprendizado rumo à luz.

PELO ESPÍRITO BLANDINA
PSICOGRAFIA DE CARLOS MALAB

ISABEL —
A MULHER QUE REINOU COM O CORAÇÃO

Dois dias após psicografar as primeiras das milhares de páginas através das quais o mundo espiritual se comunicou por seu intermédio, Chico Xavier manteve um revelador encontro com uma ilustre senhora que lhe mudaria o curso de vida. Era D. Isabel de Aragão, mais conhecida como Rainha Santa Isabel, a célebre rainha de Portugal, para sempre associada ao milagre da transformação do pão em rosas. Embora em circunstâncias e contextos distintos, ambos experimentaram o poder, a riqueza, a fama e a adoração, contudo optaram por viver uma intensa vida interior feita de humildade, perdão, tolerância, paciência, compaixão e caridade como expressões do amor. Esse trabalho avança para além da vida de Isabel de Aragão, apresentando outras duas figuras históricas: Santa Isabel da Hungria e Isabel de Portugal, duquesa da Borgonha. Colocadas as narrativas das vidas das três personagens lado a lado, emergem repetições e similitudes, nas quais encontramos a essência da reencarnação. Obviamente, caberá a cada leitor fazer o seu juízo de valor perante os fatos, porém, no conjunto das três, verificamos como uma personalidade se desenvolve e se amplia nas ações meritórias, exemplificando-se o progresso próprio e incessante pela condição moral que apresenta, pois sendo as almas iguais pela filiação são diferentes pela consciência espiritual que revelam. Segundo testificou o próprio Chico sobre D. Isabel de Aragão, *"ela é um dos gênios espirituais protetores da raça luso-brasileira em diversas partes do mundo para que os povos luso-brasileiros conservem a fraternidade cristã que Jesus nos legou"* (Adelino da Silveira, *Chico, de Francisco*, CEU).

MARIA JOSÉ CUNHA

Departamento Editorial da Casa de Chico Xavier
Av. Álvares Cabral, 1777 — 20º andar — Sala 2006
Santo Agostinho | 30170-001 | Belo Horizonte | MG
(31) 2531-3200 | 2531-3300 | 3517-1573

www.vinhadeluz.com.br
informacoes@vinhadeluz.com.br

www.casadechicoxavier.com.br
informacoes@casadechicoxavier.com.br

www.saberespiritismo.com

Este livro foi composto em tipologia Zapf Humanist, corpo 11, predominantemente.